God could not be everywhere and therefore he made mothers.
——Jewish proverb

上帝不能无处不在,于是,他创造了母亲。
——犹太谚语

变形记

赵允芳 周稷之 著

南京师范大学出版社

这幅图,名为《锄禾》,是小虎在美术课上完成的一幅习作,也是他画的第一幅诗词意境。我惊喜于他的胸中有山水,也慨叹一个孩子的内心,有如此宁静悠然的一刻。

画面上,有远山、远树,有蓝天、碧野。愿意将茅屋建于此地的人,一定在心里先搭建了一片陶渊明的诗词世界。

《王祯农书》里说:"利器从来不强工,镰为农具备古今同。……因时杀物皆天道,不尔何收岁钞功?""因时杀物"这种说法,兼有文人的虚张声势和农人的坦率直白,小孩子不会懂得,也不必懂。在一个孩子眼里,丰收,也许意味着一种颜色。在虎的眼里,丰收是金色的,于是他画出的田野,便满眼都是夺目的金,耀眼的黄,真是好一派灿烂辉煌!

小虎还小的时候,爷爷带着一把小铲子,叫他一起去楼下苗圃,准备给家里的花盆添点土。苗圃很大,土质松软,小区里的邻居,几乎家家都干过类似"破土动工"的事儿。

就在爷爷刚开始铲土,小虎如梦初醒,大叫一声:"别动,水土流失会引起龙卷风的!"爷爷愕然,而后大笑。可看到小虎一脸的严肃认真,爷爷说:"好,就听我们家小虎的。"

小虎一直是我们家最坚定的环保主义者。

一天，小虎和我在车站等车。一辆公交车开了过来，排气管里突然冒出了一股浓浓的黑烟，整个车站的人都皱起眉头，捂上了鼻孔。有的人还被呛得咳嗽起来。小虎连忙逃出了车站。过了一会，黑烟没了，汽车却也无影无踪了。害得我们差点误了事。小虎暗暗地坐起车来给这种车起了个外号，叫"爱放黑屁的车"。

小虎喜欢汽车，从小就收集了一百多种汽车模型。他曾雄心勃勃地说自己将来会设计出一种没有尾气污染的汽车。我由衷地盼望那一天。

我暗暗地琢磨起这种起了外号：爱放黑屁的。这题目《爱放黑屁的车》。

我家小虎，堪称"变形金刚"的超级"刚丝"，他收藏了市场上可以买到的几乎所有"变形金刚"玩具。

现在，大概只有孩子，还相信三头六臂和七十二变，笃信变形世界的存在。"变形"，于是就成了一种代沟。

愿不愿意变形，喜不喜欢变形，几乎要算是划分成人与孩童的一道泾渭标识。

而我们这些顽固的家伙却不能也不必扮演迂腐沉闷的唐僧，动辄念兄责罚，而是应该跟上孩子的七十二变，一起做快乐的行者！

小虎酷爱收藏国外的灾难片、画片,以及"生化危机""狂蟒之灾""系列。我曾蒙着头皮陪他看完了的《血兰花》,镜头真是充满了十足的想象力。如果碰到地震海啸龙卷风等的题材,他一定搜罗回家,百看不厌,看多了,连做梦都是电影里的画面。上面这幅小画,就是小虎对一个梦境的记录:漏斗状的龙卷风正从不远处旋转着呼啸而来,所经之处,大地一片狼藉——树木只剩下光秃秃的树桩,高楼被拦腰摧毁,孩子们正拔腿四散逃命,就连汽车,也飞上了天。

小虎竟然没忘记一个细节:在那样的天气里,汽车都开起了大灯……

这是小虎的"兄弟连"。从左至右分别为：小西瓜、强强、峰峰、小虎、土豆。

小虎每年生日，都会固定请来这几位好兄弟。小西瓜更是特地从徐州远道赶来。长大之后，由于学习、搬家等原因，孩子们的距离渐渐远了，但心里都还惦念着那份友谊。

这个年龄的男孩子，内心已经长成了一匹小马驹，他们需要撒开蹄子四处飞扬，释放天性的奔放。小虎每年一次的生日宴会，也因此成了他们盼望已久的时刻。宴会，最后常常演变成他们操练原始野性的一次聚会。

红衣帅哥叫小宇,是小虎的表哥。两人相差整一岁。见面第一件事,往往就是比个子。两人年年只差半头高,最近一次见面,小宇一下窜个儿了,竟比小虎高出了一个头!

照片拍下的当时,小虎六年级,小宇初一,因此照片有一个特殊名称:《"小升初","小学"时和进行时的合影》。

想起小虎五年级,小宇也正"小升初"。有一次两人小声聊到学习的辛苦,小宇说:"我每天一做完作业就睡觉!"一句话羡煞了小虎。因为他写完作业还要练琴,每天都要到10点半以后才能睡,虎问小宇:"那,你是几点睡?"小宇道:"不是11点半,就是12点!"……

已经顺利升入初中的小宇,没有了压力。看上去,有一种身心俱佳的快乐。六年级的小虎,每天都在与鸡兔同笼、牛吃草进行艰苦卓绝的斗争。

但愿一年后,我家小虎也窜个儿。

所谓"变形"(代序)

弗兰兹·卡夫卡并非玩"变形"概念的鼻祖。早在其几百年前,中国就有了《西游记》,孙行者的七十二变,比格里高尔仅仅变作了甲虫要有趣得多,也复杂得多。

既然东西方的文学世界里都有根深蒂固的"变形"情结,也可见"变形"是人类历久弥新的一个通病:每个人都有想成为他人的渴望!因为现状总有种种的不理想,不满足,而"变形"既是对无奈困境的有效逃遁,也是一种自我保护手段。现在,"变形"更是从文学的表现主义领域剥离出来,全面渗入了人们的日常生活,连孩子们的世界也概莫能外。男孩子们如今最喜欢的玩

法,就是"隐身"与"变形"。他们最喜欢的玩具,是"变形金刚"。他们最热爱的电影与电子游戏里,那些如潮水般刷刷涌来令人头皮发麻目瞪口呆的"异形"种种,也应当毫无疑问归为"变形"之列,只不过,它们更为极致,更为叛逆,代表着人类对自身生存困境的绝望,也是人们对"变形"概念在想象能力上的珠穆朗玛……

我家小虎,和所有的超级"刚丝"一样,他收藏了市场上可以买到的几乎所有"变形金刚"玩具。而对于如何把一辆汽车七扭八拐变成一个手持武器威武雄壮的机器人,他似乎有天生的禀赋,几乎不用对照图纸,埋首喊里咔嚓一阵,抬头就告诉我说:呐,好了。而对他面前的那堆莫名其妙的组装零件,我总是有点崩溃,有点迷乱!

看着他,我会不由自主想到自己贫乏无趣的童年。那时,最好玩的游戏就是捉迷藏——我们变不了形,只有把自己暂时藏起来一会,假装不见了。

愿不愿意变形,喜不喜欢变形,几乎要算是划分成人与孩童的一道泾渭标识。

"变形"于是就成了一种代沟。

而在我与儿子出现分歧的时候,我往往坚守一个原则,那就是:"孩子总是对的。"于是,我开始努力寻找我不喜欢"变形"的理由。其实不必深究,一切明摆着——

所谓成人世界,是已经被过去的经验教训充分规范化模式化乃至机械化僵化了的,我们开始脚踏实地,不再心浮气躁,却也因此不再对世界存有幻想。我们害怕失败,惧怕由此而来的种种变化和异动,也因此,我们渐渐把曾经飞扬的内心团缩起来,收干一切水分,甘心情愿自我凝成一种固态生命体,任由风干的精神自由落体——这种状态,有人喻之为"成熟"。

孩子却是这样一种奇特的气态物种,他们的神思浮动在半空中,宛若透明状生物,有如电影《阿凡达》里柳条般柔韧美丽的神经发丝,他们可以通灵,懂得预言,从头到脚都释放出一股原始神秘的气息……这世上,只有孩子还相信三头六臂和七十二变,笃信变形世界的存在,他们也相信外星人会在某个时刻悄悄造访,相信绿巨人必定存在于世界的某个角落……

"变"的另一个说法是"易",根据许慎的《说文解

字》,"易"是由蜥蜴而来的象形字,而蜥蜴最大的特点就是变色,因此才得了一个怪怪的俗名:"变色龙"。成天喜欢用各种玩具、面具把自己武装到牙齿的小家伙们,也真是像极了一个个神色各异的变色龙!

"变形",是每一个孩子对另外一个自己的热切期盼。它意味着另一种有趣的可能,也意味着对现状的不满和叛逆。老人们常说,女大十八变。变,也就是长大的过程。因为尚不确定,暂不明晰,他们(也是曾经的我们),就有了两个或更多的面目与可能。男孩子见面,互相摆一个奥特曼、威震天的 pose,或是乱七八糟相互喊上一嗓子电影对白,那种不论时间场合对角色的倾情投入,在我们看来是虚无、可笑的,对他们而言,却是最当紧的真实。"变形"之于他们,是一种有益的虚拟,日益充实也营养着他们自我壮大的每一天。

当然,"变形"也会误入歧途。

我曾经给湖南卫视的一档大型栏目"变形计"做过专访。它以对问题少年的独有关注,而在 2007 年的亚洲电视节上斩获"最佳真实电视节目奖"。对于那些染上网瘾的孩子,栏目组采用了一种决绝的方式,把他们分别送到一个与世隔绝的环境之中,要他在抬头观望蓝天白云的同时,也向内省察自己的心灵世界。时间期限为一周。一周七日,栏目借助上帝造人的时间寓言,期待、也果真创造出了一些"奇迹"——有些孩子在短短的一周时间里出现了令人难以置信的转变。许多父母,也都因此视节目为救命的稻草,他们天南海北地跑去,千方百计要把孩子"送"给栏目组,希望藉此帮助自己的孩子戒掉网瘾等不良习惯。但是,这些孩子最终还是要从"巴学园"里重返人间的,他要重新回到那个塑造了他的熟悉的环境之中。这个环境如果不发生根本的改变,我们几乎可以肯定的是,他必然还会重新滑向那个原来的自己。孩子出现了问题,一定是他的家庭或是教育方式出了问题。难以想象,家长们如果天天彻夜推牌九,却要求孩子在这样的环境中自律好学!

"变形计"节目的创意起源于上帝七天造人的神话,但它只能是一个传说,而不是那根可以救命的稻草。

所谓"变形",是一生二,二生三,三生万物,是我中

有你,你中有我,是把天上一日过成人间一年,把贫瘠的日子过成丰满的人生。

孔子是推崇"变形"的。他说:"知变化之道者,其知神之所为乎!"也就是说,懂得变化之道的人,近乎神。孩子正是这样一群生活在我们身边的精灵。我们这些父母却不能也不必扮演迂腐沉闷顽如磐石的唐僧,动辄念咒责罚,而是应该跟上孩子的七十二变,一起做快乐的行者!

目录

所谓"变形"（代序） /001

小子升初

"离谱"的"小升初"/001

"小升初"，是这样一道坎儿/006

一场突如其来的考试/010

数学之美与奥数之痛/015

一个下午的三个电话/021

甲地乙地与"小升初"/024

半梦半醒与半对半错/028

大话校园

快快快！慢慢慢！/037

遭殃的老桂花树/042

"假嘛日轨奖"/047

"我……我不跟你爱情了！"/050

人生的第一次拒绝/056

"破壳日"/060

上山下乡

沈—从—文/064

无意，有心/067

在古邳学剪纸/072

二胡与钢琴的距离/074

家教私语

幽默，是一种能力/079

收藏冰淇淋的孩子/082

大豆与小豆/087

五个耳光或一个亲吻/090

种桃，种李，种春风/095

把跟头当作一次飞翔/099

唐诗宋词 ing/105

一次艰难的闲聊/110

从"萨科奇被长高"说起/115

杰克逊整容背后的暴力真相/120

别烦我,我是"狗都 xián"! /123

老爸老妈

怜子如何? 不丈夫! /127

"只有小孩是绝对的!"/133

"她满 6 岁了呀!"/136

本街最好的裁缝/140

爱他,就"忘"了他/145

当 mm 成为 MM/148

意外,和意外的收获/154

两个妈妈,两种尴尬/159

有孩子的妈妈像个宝/165

教育法则

缘何迎面不识驴

　　——关于知识与常识/171

凡事相信,凡事盼望/176

反对实实在在的家长作风/180

别让橡皮成了"帮凶"/186

孩子,来份鲁滨逊,还是圣地亚哥?
——男孩生存法则/189

没有教育学,只有教育/193

不要让孩子成为濒危物种/199

一定让他懂得,什么是BLUES/203

为孩子写作的第501个理由/207

虎雏国度

我的电影被"禁"了/212

"蜂"波/214

"班宝"/216

妙趣横生的一堂课/218

"不一班"/221

"哈依,屎特勒!"/224

我喜欢的两个舒马赫/226

谢谢你,小泽征尔!/228

《巨人传》:治疗牙疼的妙方/230

从林肯到奥巴马/232

小兵与坦克/234

"人人送酒不须沽"/235

张艺谋真"疯狂"/237

一份特殊的母爱/239

南京的六朝烟水/241

小吃,大学问!/243

我爱凤凰/245

跋:致小虎　赵本夫/249

 # 小子升初

"小升初"是孩子从儿童步入少年阶段最后也最为重要的一次"变形"。我们的"小子升初"是一个"非典型性"小升初读本,因为它并非小升初攻略或报考指南,我们甚至对当下的一些主流教育方式会有一种反观和疏离。如果一定要说说它的现实意义,那么,我们是想要通过"小升初"这样一个特殊的焦点话题,让天下妈妈们聚在一起,做一次内心的瑜伽,放下焦虑和无助,来反思我们教育的本义。

"离谱"的"小升初"

"小升初",意味着人生第一个十年的终结。

尔后的十年,将是中考、高考的接踵而至。

再一个十年,他将"而立";之后,则又是人生的"不惑"之年了……以十年来对人生进行一次次划分,就显得时间真是太快了。

一晃,我家小虎已过了十岁。

虎的十岁生日过得非常隆重。我给他手工制作了一只华丽的皇冠。他满脸兴奋,看上去就像一个真正的国王。是的,他就是一个国王。

因为,每一个孩子都是一个独立的王国。

每一个孩子,也都是这个王国的国王。

王国,是一个充满童话色彩的国度概念,它能令人愉快地想到城墙上的列列彩旗、不乏威严却有些自以为是的国王、善良的小丑、机警的仆从……它崇尚美丽与自由,充满善良和顽强。它稚嫩,却绝不幼稚,因为,这个王国里的每一个人物和故事都指向人性的善与美——这不就是人生的最终航向?

每一个孩子都是一个王国。

孩子们的国度,与我们俗谓的"国家"有天壤之别。国家,总令人无端联想到名利、政治、经济、军队、战争、监狱、种族、猜忌、欲望……而这其中的每个名词,对于一个孩子来说，都过于沉重了。在他们的王国里当然也有坏人，但坏人总难免原形毕露，遭到唾弃。善有善报，恶有恶果，这就是孩子们的逻辑。在他们的王国之中，自有其圆满的人性和结局。

这是一座与成人世界相邻，风景与规则却迥然不同的坚固堡垒。

这个王国有它自己独立完善的法则、语言和美丑标准，它的存在是幽秘而独特的。如果你长有一颗过早老化的心和一双过于世俗的眼睛，你是看不见这座城池的。即便是看见了，你也进不去。因为，打开这扇城门，需要特殊的暗码。

小虎十年，也是我努力破解密码的十年。

每一个孩子，都是这个国度之中的国王。

这个国王或许寒酸，因为他并不拥兵百万，也没有欢呼的臣民；在这个特殊的国度里，他所要看护、照料的居民，有时只不过是只贫寒的蚱蜢罢了，或者是一条肥硕的青虫，又或是一队永远忙碌的蚂蚁。但这个国度是自足且自尊的，足以把每一个自恃强大者拒之门外。你发脾气、咆哮、挥拳、顿脚，都只能使那扇小小的

国门关得更为严实紧密。若果真如此,你便是被这个王国彻底拒绝了。你成了最不受欢迎的人。

这个小小的国王能指挥若定,把想象中的魔鬼与怪兽打得落花流水,落荒而逃。在这个小小的国度之中,他既是国王,也是臣民;既是主人,又是仆从。他敏感好思,无所不知。他角色多重,性格多样,能预知人类的终极命运。

想要用蛮力来对这个王国进行攻城略地是容易的,因为它几乎不设防,没有高高的围墙和密实的篱笆,甚至没有一切人为的防御设施。但你想要俘获它,却很艰难。你需要耐心和毅力,最重要的是,你得奉上你全部的爱心和善意。你还得拥有一颗童心。但最后你竟吃惊地发现,最终被俘获的,并不是那个小小的王国,而恰恰是你自己。

我正是这样一个被俘者。或许,每一位父亲、母亲,都是这样一名幸福的囚徒。

"小升初"仿佛是教育指挥棒下的一场齐声合奏。而我们这个家庭,只是其中一个微不足道的声部或音符。但我们谁都无法避开这场大合奏,这是我们的无

奈之处。但对于这次"演出",我们并非全情投入,甚至不乏"离谱"之处。

家有儿女"小升初",真正坐卧难安饱受炙烤的,恐怕还是爱子心切的家长们。我也是这样。这是艰难一关,我全力以赴充当起了儿子的家庭教师,这是我们的第一个"离谱"之处。因为一个最为普遍的现实是:许多家长省吃俭用,把孩子连同大把的钞票一起,奉送给了社会上各式各样的培训机构。且似乎掏出的钱越厚实,心里才越踏实。连前不久一位因此快速致富的培训机构老板都觉得不可思议,他告诉记者:每到考试临近,他就看到家长们挥舞着大把的钞票扑向学校的大门,那情形真是"太疯狂了"!他竟然不为唾手可得的滚滚财富觉得兴奋,反倒被家长们的"疯狂"惊吓住了。

我们的第二个"离谱"之处在于,我们没有选择艰难的奥赛之路。奥数几乎是所有小学生都必须面对的一个话题。很多有预见的家长从三年级就开始陪伴孩子跻身于奥数培训与竞赛的庞大队伍之中。我们对这场有些疯狂的"合奏"一直心存某种疑虑,也一直游离

在"主旋律"之外。小虎是幸运的,直到升入六年级,他才开始有选择地接触了一些奥数题型,而这一切,并不是为了获取升入初中的"敲门砖"。我们的目的只有一个,那就是拓展思维,使他的数学成绩能够在班里保持中上水平,这对于树立孩子的自信心很有帮助。而没有"拿证"这个巨大压力,他的学习也就相对快乐得多。

"小子升初"这一章是我对孩子人生第一个十年教育的一次回溯,而以"小升初"来作为这次回望的起点,或许会使许多内心的矛盾与尴尬得以突显。我相信天下妈妈们的心是相通的,我更愿意把这些随笔看作一次心灵的互助和共振,使我们不至于在这样一段灰暗特殊的日子里独自煎熬。

"小升初",是这样一道坎儿

"小升初",是一道坎儿。

每年,这门槛都像是变戏法般的,只升不降,不断攀高,才刚学会把步子走踏实了的孩子们想要跃过它,就得使出吃奶的劲儿,蹦,跳,窜,滚,爬……家长

们更构成一个庞大壮观的拉拉队,有的耐不住,干脆撸起袖子上阵,或推,或抱,或拉,或扯,和孩子们一起朝前涌。

在城市的家庭生活里,"小升初"是"小烤",初中升高中是"中烤",高中进大学则是"高烤"。此"烧烤"三部曲,无一例外地成为炙灼城市人心灵的头等大事。

苏子瞻说,人生识字忧患始。果真。而"小烤"虽有一个"小"字当头,但其激烈程度,已经丝毫不亚于六年之后的那场"高烤"。

只是我们家长众生在忍痛跑上烤架的同时,是否想过一点:"小升初"不仅是一种结束,它更是一次开始。展现在孩子面前的,不仅是重点中学和普通中学两种风景,还应当是一个更为开阔的人生景观。

"小升初",是这样一道门槛儿——

越过了它,娃儿们就不再是儿童了。尽管稚气犹存,但在他那眉眼里,更多的将是一副少年的欢欣与烦恼。

跃过了这道门槛的孩子,几乎一日一变,体内荷尔蒙的骤增会使他的体征更为明显。

他长高了,也长大了。

他往天空增高一寸,就离他自己更近,离我们越远。

他在不断褪掉婴儿的娇憨和无知,像从海面升起的初阳,扑向天空高处。直待他长成的那一刻,也就意味着我们的老之将至。

他的性格会变得任性、敏感、多虑、怀疑、执拗直至反叛。

他总是渴望懂得更多,渴望得到尊重,渴望心灵自由。

他会无端地快乐歌唱,也会无端地沉默半晌。

……

过了这道坎儿,你会发现,他不再只是"我们的"孩子,他更是他自己。

"小升初"还是这样一道坎儿——

越过和正要越过这道坎的家长,个个都神情憔悴。的确,他们的眼神,还都多多少少带着"烧烤"后的余痕和残痛,曾经的煎熬并未完全褪去,因为,很快的,他们还将面临"中烤"。

比起"小升初"给当前带来的烦恼与困惑,或许上述那些即将到来的变化更让我莫名紧张。

我并不是在转移话题,或在逃避要点。在每一道关口,每个孩子和每个家庭的步伐都是不一样的,我个人的对应之策是:往远处看看。唔,你一定能隐隐听到BEYOND的《海阔天空》。

岁月悠悠,我们和孩子的脚步都不会最终止步于某一所中学或大学,一切也都将成为过去时。如何以一种较为合理的依据,为孩子设置一条最适宜他个人的人生道路,才是看来遥远实则紧迫的问题关键。至于中间,我们曾经在哪个站点歇息、停靠,似乎已变得并不那么重要。实现自己的路径有很多,我们最终只会耿耿于怀曾经中转过的那些站点风景吗?

但愿"小升初",不再是道坎儿。

一场突如其来的考试

九月的到来,使小虎和我们都陷入了一场莫名的慌乱之中。

开学第一周,学校便突然宣布要进行数学与英语的摸底考试。其实每所学校的每学期初都有这么一次小考的,但以前都只属于参加班级兴趣班的参考成绩。这次,娃儿们已进入毕业班,摸底小考在家长们的心里就有了格外的分量。所有的小学都被严令禁止搞提高班了,但毕业班的家长们已变得脆弱敏感草木皆兵,于是,一次简单的摸底就显得不那么简单了,它就像一个沉甸甸的铅块,坠在每个人的心头。

才松懈了一个假期的神经,立马儿绷紧了。小虎的心理不得而知,反正我的心里有些乱糟糟。怎么一开学就如此紧张?何况,哪里有什么复习的重点!因为一般这样的考试,往往比不得往常的期中、期末测试,还有课本知识可以参考。摸底考试,数学一般必考奥数,用以拉大成绩差距,方便"优胜劣汰"。我心里已经做好了最坏准备。因为,此前的整个小学五年,我坚

持没有送小虎去学过一天的奥数。

当初,做出这样的选择,心里也是经历过煎熬的。但还是坚持着,没去。

原因是缘于一件事对我的触动。五年级下学期,小虎回家来,常给我说的一件事是:"数老"(他们班对数学老师的简称)今天又朝某某某发火了。原因只有一个:他的数学作业又不合格了,错题太多!但奇怪的是,这位某某某,已经在外学了几年的奥数,还拿了不少竞赛奖状,按照常理,以奥数之"高深莫测",对付一下简单的数学家庭作业,岂不是小菜一碟?

问题是,这样的事情竟一而再、再而三地发生。后来不久,看到一条新闻,这才相信,这类事不是没有可能的。新闻的主角是上海的一名初中女孩,她学业优秀,每天都在放学后坚持上奥数和英语冲刺班。她家邻居说,每晚午夜一点多,都还能看到这孩子的窗口亮着灯。但就是这样一个超级勤奋的孩子,在参加班级的期中测试时,因为数学没考好,从楼上跳了下去。

这样的新闻总令人痛心莫名。

数学,无非是思维的一种训练方式,所谓"数学之

美",到底是相通的。但几乎所有专家和家长都必须承认一点:奥数补习,是一种另类残酷的"挫折教育"。孩子被扔进了奥数的海洋,人与数学题,此刻就仿佛远古竞技场上的人与兽,角斗的结果,几乎你从不会赢。

而奥数倍受指责的一点,恰是孩子从中"收获"的这种严重挫败感。在奥数面前,所有的快乐教育、赏识教育,都成了镜中之花,梦中黄粱,那全都是不堪一击的。最后铩羽而归的,一定是一脸沮丧的孩子。

相信每位经历过高考的人,即使在你远离高考若干年后,仍旧会在某一个午夜梦魇之中惊醒。我就总是梦到自己当年高考迟到的那一幕。在小学阶段令家长群哄而上的奥数选拔,却无疑使这一梦魇足足提前了十年。

小虎班上,那位可怜的奥数男孩,竟要在外面的奥数班和学校的数学课上遭受着双重打击。他的奥数成绩或许不错,但那更像是一个空中楼阁,这楼阁缺乏一个坚实的基础,这几乎是一个致命的缺陷,他因此时不时都得要尝受一下失足踏空的滋味。

或者这个孩子并不是一个真正的典型。奥数好,学校课程也没有耽误的孩子,也还是有的。但这种近乎完美的要求,对于一个刚刚迈过十岁门槛的孩子来说,是否过于残忍了?

开学之初的摸底考试结束了,我一直都没有再过问小虎的成绩,校方也一直没有公布成绩。

我不问,不是担心分数,而是担心小虎的情绪。

我不问,小虎也不说。

我以为这事就这样过去了。

又过了两周,学校还是迟迟没有动静,但我能感觉到,娃儿们普遍变得忧心忡忡,放学后,他们之间的电话联系很是频繁,交谈的口气神神秘秘,支支吾吾,透出心绪的浮动。小虎有天放话给我,说班里已经有人知道自己成绩了。隔天又漏了一句:老师找某某谈话了。

我笑问,是不是很在意这次考试的结果?小虎脸扭向窗外,说了俩字:那是。

一天,我接小虎放学,刚一上车,虎就一脸按捺不住的兴奋。我问咋了,作业又得了优星?

不是,你猜!

"数老"又表扬你了?

不是,再猜!

不猜了。我猜谜不行的,你又不是不知道。

好,告诉你吧。"数老"找我谈话了。

噢?

说他看了年级前七十名的名单了,上面有我的名字。

名单? 前七十名?

哎呀,就是第一周摸底考试的成绩单!

真的呢?

真的!

霎时间,车里绽放出一片光芒。我笑望着他,他也笑望着我。

呵呵,祝贺儿子,好样的!

嘿嘿嘿嘿……

这真是意外的好消息。阴晴不定了十几天,这下虎的小脸总算是放晴了。

妈,你不知道,老师再不公布,我们全班都要得忧郁症了!

嗄……忧郁症？全班？！

我为儿子的开心而感到格外的开心，更为他的这句话心疼不已。想想看，我们十岁的时候，还在胡同里成天乱窜呢，哪有这份沉重的心事呢。

后来跟"数老"在电话里沟通了一下，才知道这次考试小虎能够"蒙混过关"，竟是因为没有几题奥数！"数老"说，主要是对五年级知识点进行了一次回顾。加上考核计算的总分还要算上英语的试卷分。"哦，你家小伙子的英语不错！"他说。

"数老"最后说，平时在家还是要加强一下数学训练，奥数也要加把劲了。因为，一个月后，可能还要再次进行选拔！

噢，老天……

数学之美与奥数之痛

小学生到底该不该学奥数？在每年的"小升初"之前，这都会成为媒体热议的话题。2009年的5月份，从央视的"经济半小时"，到各大网站的新闻首页，纸媒和

电视更毋须说,众人都把矛头对准了奥数。奥数俨然已成千夫所指。去年成都更是出台了五项禁令,下决心封杀奥数等学科竞赛,制止以奥数成绩进行"小升初"选拔的陈规。

但雷声大雨点小,事实证明,这是媒体的"单相思"。

而学不学奥数,其实是个伪命题。

说到底,数学与语文、外语等学科分支、门类一样,本身并没什么问题,而是大家的心态出了问题。数学(包括专攻竞赛的奥数),是逻辑思维训练的一种方式,但现实种种功利的催生与逼迫,已使它成为孩子们挥之不去的心头之痛,而彻底失去了学习数学本身所应该带给他们的东西。

那种东西是什么呢?

是"数学之美"。

英国剑桥学派创始人哈代曾说:"数学概念应该就像色彩和语词一样,以和谐优美的方式结合起来。美不美是检查的第一关,蓬头垢面的数学不能与世长存。"

罗素则把数学之美视为"至高无上的美",说它"冷峭而严峻,恰像一尊雕刻一样"。

钱定平,德国科布伦茨大学、奥地利萨尔堡大学的客座教授,在数学和文学之间有着独到的天赋和见解。他在《美是一个混血女郎》一书中,对"数学之美"的概括文思横溢,令人叹止。他认为,数学有和谐精巧的美——其和谐有如古人所谓"斜影风前合,圆纹水上开",其精巧则似"蝶穿花径,鹤舞云衢";数学还表现为"次序规整而孔武有力的美"、"玲珑剔透的美";数学因为其高度的概括力还具有了一种"重视自然美、又高于自然美的美";而数学几何的美,"不但往往对于几何学家像是家里藏了个绝色佳丽,引起无穷爱怜春意,而且也是数学其他分支专家长相思的对象……"数学是谨严的,但对于极限真理的抵达,则必须要经历一个逐步逼近、完善的过程,这也是一个不断质疑、挑战的过程,因此,"数学另一种美还在于她'惹是生非'的挑逗美"。这种极限美感的无穷魅力,永远能够撩拨起世界顶尖知识精英的无尽相思和倾慕之情。

沈致远,江苏人,旅美科学家,现任美国杜邦公司

院士,从事高温超导电子学研究。他毫不犹豫地说:科学是美丽的,数学是美丽的。"有什么比原子中'云深不知处'的电子云更具朦胧美?有什么比生命之源叶绿素中的'绿色秘密'更具神秘美?……还有什么比'纳米'世界中用原子砌成的纤巧结构更具精致美?……科学之美,美不胜收!"他说,数学家以迭代方程在复数平面上产生的"分形"图案,其千变万化、奇幻迷离,连艺术家都叹为观止。

毕加索晚年立体画派的独特灵感,据说,便来自数学中超越现实三维空间的抽象高维空间。

对于思维尚未健全的孩子们来说,当然还无法全然感受到这种奇妙深奥的数学之美。但糟糕的是,当下如火如荼的"全民奥数运动",只能使孩子们离自然科学富含的诸种美感越来越远,甚至在他们还没有来得及细味科学魅力的时候,就已经产生了严重的敌对厌学情绪。孩子们享受数学之美的权利被现实功利扭曲得如此丑陋不堪,数学之美甚至成为了"人民公敌",连擅长体育评论的李承鹏都忍不住跳将起来,言语讥讽道:"不要将九年义务教育变成九年贻误教育!"

数学之美,已经被无情地演变成了奥数之痛。

这种演变,无疑是在舍本求末。潘光旦在1933年就以"忘本的教育"指陈现代教育的种种弊端:"教育的唯一目的是在教人得到位育,位的注解是'安其所',育的注解是'遂其生',安所遂生,是一切生命之大欲。"但他在60年前抨击的教育积弊放在当下,依旧是一个沉重的现实——

近代教育下的青年,对于纵横多少万里的地理,和对于上下多少万年的历史,不难取得一知半解,而对于大学青年,对于这全部历史环境里的某些部分,可能还了解得相当详细,前途如果成一个专家的话,他可能知道得比谁都彻底。但我们如果问他,人是怎么一回事,他自己又是怎样一个人,他的家世来历如何,他的高祖父母以至于母党的前辈,是些什么人,他从小生长的家乡最初是怎样开拓的,后来有些什么重要的变迁,出过什么重要的人才,对一省一国有过什么文化上的贡献,本乡的地形地质如何,山川的脉络如何,有何名胜古迹,有何特别的自然和人工的产物——他可能瞠目不知所对。

这真是一种悲哀。

潘光旦所虑的,正是现代教育之对人性、文脉的横冲隔断。教育的狭隘与短浅,已经造就了文化的一代又一代断层,累积至今,以至于高分低能、情感冷漠型人才几成社会的"砥柱",教育的"硕果"。

潘光旦毕业于清华大学社会学系,这个系在当时是有名的培育通才之地。但在一个分工精细,注重技巧、技术的社会里,所谓"通才",是要被人们哂笑不已的,它甚至意味着学无专长、术无专攻,从而也就失去了立足之地——通才通才,便是什么都通,什么都不精通,那,怎么能行呢?

不过,人生的最高境界也许莫过于这个"通"字,凡人之情,穷则思变,变则通,通则久。各种门类的技巧、技能固然重要,但如果它们并不建立在"通"的基础之上,则无以长久。我们如果过度强调一技之长,而由此忽略了德质的培养,忽略了文化的积淀与传承,当代教育向社会源源不断输出的,会是怎样的一群高等怪物?

一个下午的三个电话

周六下午。

第一次电话铃响的时候,我在午休,小虎正埋头写着他的家庭作业。楼上楼下一片寂静。电话是小虎的好朋友土豆打来的。他在南京另外一家小学上四年级,那所学校向以作业多、每年"小升初"考入南外的学生多而著称。

他俩已经好久没有见面了,而过去,两人每个月至少都要见两次的,约着一起看看电影,吃吃饭,爬山打游戏之类。自从小虎升入六年级,俩兄弟见面的回数便日益稀落了。难得见一回,小虎也变得有些沉默,不再像过去那样没心没肺地嬉闹了。

土豆打电话来,是要问小虎一道奥数题该怎么解。小虎很快作了解答。其余似乎便无话了,俩人挂了电话。

过不一会,电话再次响起。还是土豆找小虎,问另外一道奥数题的解法。小虎很快解答完毕。俩人再次说了"再见"。

果然就"再见"了。

十分钟后,小虎写完作业,刚打开电脑准备上网看新闻,电话又响了,还是土豆来问奥数。这一次的题型听起来有点复杂,我在一旁有些担心。小虎倒一副胜券在握的样子,不急不躁,耐心找来草稿纸,在上面略一演算,便告诉他这题用方程解很简单,你只要如此这番……话没说完,土豆就有些着急,说老师说了,不能用方程,因为这是奥数!

小虎只好重新演算一番。但他已经慢慢皱起了眉头。最后他对着话筒轻轻说:我们做题,老师从来没规定过不准用方程的。你不管他,就用方程解……

可能土豆仍然希望贯彻老师的意思,最好能用非方程的推算方式解决。小虎却觉得那样解释起来会很麻烦,二人为此在电话里辩论了好一阵。最后是土豆妥协,说好吧,就用方程。终于挂了电话。

但家里显然已无法恢复先前午后的清静平淡。

三个电话像是三颗石子,令家里的空气凭空起了微澜。家人都忍不住,有些忿忿然,说现在都什么老师啊,怎么解题不行,只要能算出正确答案,还非得规定不准用方程！方程的作用，不就是为了更加简便地算题嘛。这都是些什么道理……

我却敏感于俩兄弟除奥数之外已经变得无话可谈。本来并不是这样的。以前，他们总有说不完的笑话和新闻。小虎已经进入六年级，功课的压力大是自然的，但土豆才刚四年级，竟也已经提前陷入奥数之阵，进入了"小升初"的"战备状态"？

第二天上班，土豆的妈妈在 MSN 上告诉我，周末那天他们挂了电话后，土豆发了好一会呆，而后对她说了这么一句："最好的朋友应该是小虎那样的，有时候默默无言却能知道对方在想什么。"

我大笑，说这么可爱，竟然会思考这样的问题！可昨天在电话里，他们却除了问题解题，其他什么都没说啊。

土豆妈也笑说，听了觉得汗，小屁孩什么都懂了！

唉，我知道的，虽然不说，他们其实却都在想念无忧无虑不用做奥数的时光。

何时可以昔日重来呢？

甲地乙地与"小升初"

我对我的五年级至今耿耿于怀。我还清楚地记得,就是在那一年里,我的成绩迅速下滑,我独自承受着人生的第一个漫长黑夜。我变得沉默、自闭。回过头去看当年小学毕业照上的表情,满脸竟都是与年龄不符的沉郁之色。

当时,我们一家才从乡下搬到县城不久,父亲在县广播站做报道,母亲在医院妇产科,他们的事业都正在艰难的开拓期,整天忙碌不堪,完全无暇顾及我们姐弟三个的学业。每天一早,我便被闹钟叫醒,起来捅炉子生火,为自己和弟弟妹妹煮面条,有时炉子半天都生不着,实在来不及,母亲就塞给我们一人一角钱,要我们上街吃。"上街吃",是那个时候最美妙不过的三个字!那时候的一角钱,足够买三只刚出炉的芝麻小烧饼。如果舍得掏出上一次"上街吃"的小小积余,还可以端一碗热粥慢慢喝。很奢侈了。

饮食的贫乏倒在其次,主要是学校功课的压力使我喘不过气来。班主任是位女老师,姓张,四十多岁,头发枯黄，戴一副眼镜，声音沙哑，口气严厉。点到谁的名字，谁都要被她吓得一抖，而后半天才敢晃着身子站起来，题目明明会的，也说不出来了。数学那时正好学到流水、相遇问题等等之类，整天就是甲地、乙地，甲船、乙船，速度、时间什么的，这些实在与我的生活毫不相干。课堂上，我常常是不在场的。

整个四、五年级的唯一亮点，是我的普通话说得好，常被老师推荐参加朗诵比赛。有次全校举办了一场诗歌朗诵大会，场面颇壮观，别的班都已经搬着长凳陆续进场了，我们班主任还对最后人选犹豫不决，在我和另外一位女同学之间，她实在难以取舍，最后决定，要我们俩临时朗诵一遍，由全班同学投票决定。我朗诵的，是语文书上的一篇课文：《十里长街送总理》。文章已经熟得可以倒背了，可每次读，我都还能读出一眼眶的泪水。那次，我赢了。那也是我在小学五年级里唯一感到愉快的经历。

我那时，沉迷于橡皮筋游戏，跳得出了名的好。《浏阳河》、《北京的金山上》以及《马兰花》等等脍炙人口的歌曲，都被我们编成了橡皮筋游戏，一边唱一边

跳,课间休息的时候,身边常是密密层层围满了观众。那时,课外活动项目普遍贫乏,常有乡下小学的老师来我们这所实验小学取经。为了不让她们空手而归,班主任每次便要挑选几位女生,被选中的,一整个上午的时间都得在操场上教她们跳皮筋、做游戏。我每次都"幸运"入选。那一年的功课下滑,也与此有关吧。

在后来的许多年里,我都会做同样一个噩梦,梦到自己孤独一人走在漆黑的胡同里,没有路灯,没有星星,没有风,没有光,心底里满是沮丧和迷茫。那正是我"小升初"那一年的心路写照。尽管后来经历了更为严峻可怕的高考,但噩梦的主题并没有太大变化,梦里都有一条绵长幽暗的小巷,漫长无际,身后永远有空洞可怖的脚步声,答答挤迫出我内心的仓皇。

很长一段时间,我一直没有走出我的五年级。因为,在那一年,哐啷一声,我丢掉了所有童年的欢乐。

有一件事,足以说明我当时的状况有多么糟。

那位严厉的班主任老师,后来又做过我妹妹的班主任。我考上大学去往省城之后,班主任老师几次碰到我妹妹,每次,她都要以十分狐疑的口吻问道:你姐真考上了大学？妹妹被如此这般盘问了五六次后,终于火了,反问她:老师你有什么话就直说吧。你的意思是不是想说,你眼里的坏学生,只能一辈子都是坏学生?

只是当时已惘然。我与我的小学校园,只不过是两条线段的交叉点,相交过后,彼此便愈行愈远了。

及至小虎六年级,我忽发奇想,决定每天都陪他做一遍家庭作业,尤其是数学。我想要试试,自己是否真的对流水、相遇、牛吃草、鸡兔同笼等纷繁复杂的数学问题毫无办法?我要重新上一次我的"五年级",彻底走出当年的那个梦魇。最重要的,是我不想让小虎也重温我当年的旧梦。

有我这样一位"同学"在旁边陪着认认真真作业,小虎的心理平衡多了,为了把我比下去,他有意较劲,学习十分投入。

现在的题型比那时更要刁钻古怪,我的计算速度如蜗牛一般,每天都要扮作小明或小红,笨拙地"乘坐"各式交通工具,穿梭于甲乙两地。我们各自做完题,便一起对答案,有时是他错,有时是我错。我算错了的时候,小虎就格外高兴——他总算逮到一次机会,可以来

数落数落我了。他以其人之道,还治其人之身,完全用我的口气揶揄着我的过错,说我是一个"很笨很笨的蛋"! 当然,我并不是一位虚心的好学生,在儿子面前硬要逞强,总也不服气,两人便常常吵作一团,笑作一处。

那个小巷子的梦,真的再也没有出现过。

哦,我们的"小升初"。

半梦半醒与半对半错

2007年,在重庆的语文高考试卷上,一篇名为《告别三峡》的散文阅读理解,占去了整张试卷的22分。我看到消息,兴致勃勃地把试卷上的四个大题目下载下来,有意要考考这篇散文的原作者——小虎的外公,看他能否做对题目。

结果令人啼笑皆非!

外公的解答,和一些中学老师提供的解析大相径庭。按照所谓标准答案,外公对自己这篇文章的理解是不过关的,简直就及不了格! 小虎外公看了答案,也

只是摇头苦笑。这是怎样的一种荒诞？记得，当时家里人为此大笑不已，并从此成了我们家的一个经典桥段。

千人千面，对一篇文章所蕴涵的丰富信息，每个人都会因年龄、性别的不同，人生体验不同，其理解角度和程度也都不尽相同。按照常理，阅读理解是最不应该设置"标准"答案的，但凡解释合理，可以自圆其说，似乎没什么答案不可以。而这也恰恰是一篇好文章功力深厚之所在——它具有长久的生命力，可以被不同的人赋予不同的解说，它本身即具有语义的多种可能性。但作为教育范本的阅读理解，却常常被以标准答案的形式，拘泥了内在的丰富和活力。

这是一个严峻的现实。问题之严峻，是因为小虎的阅读理解与外公一样，和标准答案总是相距甚远。他似乎永远是"答非所问"的。

小虎本是学校小有名气的"阅读之星"。在小虎还不识字的时候，他早上醒来第一件事，便是把一本书抓在手中，吃饭、下楼、逛公园商场……走到哪里都带着，真正和书形影不离。最可笑的是，有次外公从美国给

虎买来了一副摩托车手佩戴的风镜,小虎一下喜欢得不行,偏巧赶上内急,便戴着那副酷酷的风镜,一溜烟进了厕所。好半天不见人出来,我有些担心,便悄悄开了点门缝,往里一瞧,见他正稳坐马桶之上,戴着风镜专心致志地读一本小人书。那模样真是滑稽透顶!而一套以小马安迪为主角的系列故事,是被他读烂的第一本书。我用各种声调为他朗读小马安迪看海路上的奇遇,他每次都要笑个不停,一天听二十遍(毫不夸张)都不厌倦。进入小学后,在他的书包里,从最初的名著汉语拼音读本开始,每天都夹带一本"课外"书,以备课间休息时阅读。六年级功课紧了许多,课间常拖堂,看闲书的时间少了,但我还是常常在他书包里放一张报纸,上面用红笔圈着一篇必读文章,有关迪拜危机的报道,也有纪念柏林墙拆除的新闻……

每一个孩子,可能都有这种对大千世界"东张西望"的本能式渴望。

小虎和所有孩子一样,喜欢故事,但对文章的肌理结构漠不关心。这于他的年龄,本是无可指责的。我也向来反感中心思想之谓,好端端一篇文章,被段落划分弄得七零八落,还要你总结大意等等,高度的机械化程式化,常常使阅读变得索然无味。于是,我有意无意地纵容着小虎的浅读与泛读。

可在他五年级的一张试卷上,一道20分的阅读理解题,却被老师的红笔扣掉了12分。无论我如何倾注心血,辅导出来的阅读理解作业,也还是常常被老师用红笔批个半对。

半对,也就是半错。

错在哪里?我百思不得其解。

小虎半对半错,而我,半梦半醒。

我叮嘱小虎在阅读理解上,要更加仔细读题,领会题意。我告诉虎,你要开始学会深度阅读。

他眼巴巴地问:阅读还有深的、浅的?

是啊是啊,深浅阅读之分,其实与传统读书方法中的泛读精读还有区别。泛读即所谓"不求甚解",但不"甚解",至少还是有所了解,且阅读是大略完整的。浅阅读,却更像是一种文字消费,它是片断的,不完整的,甚至是有意的断章取义,更谈不上阅读的系统性。

对这些,虎听得瞌睡连天。

我挠挠头,忽地想到一个新闻画面:一只被海水冲到了浅滩的抹香鲸,正张着嘴,艰难地呼出最后一口气。我告诉小虎,如果把文化比作海洋,我们便是这些被迫上岸的抹香鲸,离开了海水,最后就只能搁浅在空无一物的沙滩上,干渴而死。

小虎吓一跳,说这么严重!

我说这只是比喻。你们老师不是经常要你们找出电视广告里故意使用的成语错别字?什么"锅色天香"、"衣衣不舍"、"咳不容缓"、"朝酒晚舞"之类。他们故意错用谐音字,以为这样的广告很有创意,但实际上,广告商的这类做法已构成一种严重的文化伤害,时间久了,你们这些孩子就会对错难辨。这种广告文化就属于浅阅读范畴。

看来是要改变一下自己的阅读方法了。虎答应试试。

可几个月过去了,虎的作业本上,多半还是醒目扎眼的半对半错。

那段日子,过得有些较劲。

我和小虎一起努力着,誓要夺得那个大红的"√"。

老师那边厢,却依然吝啬如故,毫不留情。私下和一些家长聊天,没想到,这竟是许多家长的怨与痛。原来,不只是我们一家出了状况,很多孩子的作业本上,也都是半对半错。我释然了,想听听他们的高见,但聊来聊去的,无非是些牢骚怨怼,埋怨老师的机械教学,思想的僵化。不少灵通的家长放弃了无谓的较劲,专门找到了一套标准答案,每晚让孩子照着抄,免得看着那些红叉叉心烦。相比之下,我更像是唐·吉诃德,每天依旧和一个看不见的风车作战。

此其时,忽看报载,说前文化部长王蒙指导孙女完成了一篇小学生作文,结果被语文老师判了个不及格!

这条新闻,估计要令天下所有家长都扬眉吐气了。原先只敢闷在心里的话当下堂皇而出:怎么样?一定是学校的错!王蒙何许人,中国当代著名作家,中国意识流小说大家,前文化部长!人家辅导的小学生作文都被老师批了不及格,这只能说明一个问题:现在学校的教育观念是有问题的!

可来自家长的狂喜和"叫嚣"并没有用。新闻的影响力亦只是过眼烟云。老师对小虎作业的"宣判"一如

往昔。

无语。无奈。

阅读理解,本来就是各人有各人的阅读喜好,每人的理解方式也不尽相同,可为何我们的教育却总在要求我们的孩子做出标准回答?

最要命的,是小虎这个昔日的"读书之星"开始反感读书。他含泪跟我讲条件,说:"你不让总结中心思想我才读。要不,我只看侦探故事!"在他的小脑袋瓜里,侦探故事似乎是无法总结中心思想的。我啼笑皆非,却也心酸心疼。我几乎立刻决定,答应虎的这一合理要求,放弃跟老师的无谓较劲。

我开始学着,对那个顽固的半对半错符号视而不见。

小虎重新拥有了阅读的自由,每日如鱼得水。他读三国,读东周列国故事,读唐诗宋词,读宇宙奥秘,读冰心,读鲁迅,也读我给他专门创作的童话故事。有时间的话,他还会给我的故事配插图。

不过,也许是经历了前番的好一阵折腾,小虎读书不再是以往那种没心没肺的浅读。有时间的话,我会

要求他把故事朗读一遍。发出声音的朗读,是一种无形的约束,为了读出重点,他必须用心领会文字的内涵。

至此,小虎的阅读训练方初见成效。

进入六年级,小虎的理解力、词汇量如同他的身高体重,噌噌上扬,他的作文本上时常会蹦出些新鲜有趣的词汇来,令我冷不丁吃一惊。

"小升初"这一年,语文老师换了位年轻的,姓杨,兼班主任。她的教学方式富有朝气和活力,不时在虎的作文本上即兴留言,洋洋洒洒,皆为赞语。这大大鼓舞了虎的阅读和作文兴趣。他在报纸上接连发表了不少作文。六年级有一篇课文,是写美国总统林肯的,题目叫《鞋匠的儿子》。恰在此时,美国首位黑人总统奥巴马来华访问,引起舆论的极大关注,小虎听到早新闻之后,便以美国黑人解放史为主线,挥笔写成了一篇《从林肯到奥巴马》。没料到语文老师对这篇作文报以了惊喜,她给出了这样一段批语:

"小周同学,你的作文给了我很好的启发,下次再教林肯这篇课文,我已经想好了一个新的开头。谢谢

你,孩子!"

语文老师的这段评语对孩子来说可谓最好的褒扬,那也是一个孩子最需要的精神滋养。在杨老师充满热情的鼓励下,小虎把作文投给了报社,一周后,《从林肯到奥巴马》全文发表在了《扬子晚报》的作文版头条位置。

有意思的是,之后的一个周末,小虎突然被对门邻居家孩子的家教老师请去,我们都以为是要他过去讲解数学家庭作业之类,并没有在意。没多久,小虎回来笑眯眯说,不是。是他们特意请我过去朗读了一下我发表的作文……

如果你和孩子还在为阅读苦恼,那么,让他(她)试试快乐朗读吧!

# 大话校园

校园生活是对墙外社会的最初模拟,孩子们在这里戏仿人生,学习技能,所以,千万不要把校园当作纯粹的"托儿所",以为家长的任务只是接接送送。你的身体可以暂时离开,耳朵却还是得支棱着,随时倾听他的校园直播。善于倾听的父母,必能从一条条荒诞不经的校园新闻中看到忧患,收获欣喜。

快快快!慢慢慢!

每天把虎送到学校,我都习惯性地在校门口停一会,看着他不慌不忙一人走至校园深处,直至在拐角那里一闪,便不见了小小踪影。

这是我每天最享受的时刻。就像是看着一尾小鱼

陶陶游进了大海。

而此时转身,便可以看到马路上极为紧张壮观的一幕:

大批大批的学生正被家长们护送而来。有骑车的,有开车的,也有步行而来的,全都是急急慌慌——此时,距离老师要求的到校时间只剩下最后五分钟了!每个学生的神色都是紧张的,校门口一下聚集了无数家长和学生,前者忙着刹车,从车篓里往外递书包,顺带着把最后一块面包或肉包匆忙塞进孩子的嘴里,所有动作宛若行云流水。家长一边做着这一切,一边宽慰着孩子别忙,别忙,还有一点时间……竟从上衣口袋里,变戏法般,又掏出一瓶用毛巾包裹保温的牛奶。孩子只应付地吸了三两口,便连连摇头说不喝了不喝了,来不及了!转身便走。家长这才用手使劲推了一下孩子的屁股,催促到:哦……那快快快!别迟到了!孩子加快了脚步,书包也跟着咣当咣当地响了起来。可刚等他冲进了校园的大门,家长又对着孩子的背影着急喊到:慢点!慢点!听见没?别跑,小心摔倒!

那声声急促的"快点快点快点",以及紧随其后的

"慢点慢点慢点",仿佛校园门口每日必响的矛盾交响,让人从中体会到做父母的种种不易和心力交瘁。

他们当然不希望小孩子因为迟到而被老师批评,因此在嘴上催促着他们"快点";但实在又担心孩子走得太快会出现什么闪失,于是,又下意识地希望他们"慢点"。

听话的孩子,可真的是要进退两难了。

到底是快还是慢呢?

后来在报纸上看到莫小米的一篇散文,不禁哑然失笑。文章里的这对母子,他们的一次日常对话竟是如此经典,与我每次在校园门口看到的一幕无比吻合:

母亲问儿子:宝贝,为什么你总是说"等一下"呢?

儿子答到:妈妈,那为什么你总是要我"快一点"呢?

并不是所有的妈妈都是急性子。但深陷在许许多多的现实夹缝之中,便不由自主地要患上一种精神的"强迫症"了。

一旦为人父母,便仿佛陷进了一个巨大的矛盾之阵,进退维谷,又难以自拔。从小学校园门口每日早晨

的这一幕幕,便可以略见一斑。

尤其是那些急性子的妈妈们,从这声声嘱托里,你简直可以看出她内心深处的焦虑和神经质来。因为,仅仅只为了不让孩子迟到挨批,她几乎失去了女性的全部优雅与从容——

她在路上弓腰骑车顶风冒雪的神勇几乎可以和男人匹敌。

为了让前面的行人及早避让,争得宝贵的几秒,她要不住地打着自行车铃铛。当铃铛都不管用的时候,她还要随时扯起嗓子喊到:"喂——劳驾——让一让……"

寒冬腊月,车子后座的孩子被包裹得温暖严密。她自己呢,甚至都来不及梳头、刷牙、吃早饭。

每天一早,她都要打出十分的精神,使出十二分的气力,来保证孩子上学不迟到。

因此,在把孩子推进校园的那一刻,她才会觉得一大早的任务终于算是圆满完成,才本能地露出温情的一面。等到小家伙身影完全不见了,她这才顾得上拢拢散落的头发,顺顺干枯的喉咙,整理一下衣衫。身边送孩子的家长中,其实还有一些熟人或邻居呢,但也只顾得上彼此简单地点下头,便各自匆匆走开了。那背影,是疲惫松弛的,和刚才的风风火火已然有了天壤之别。

这样的母亲背影,总让我的心突地一疼。

问题是,这样的矛盾交响,几乎要伴随着妈妈们的每一天每一年。其间,孩子的"全面发展"成了最为紧要的家长功课,孩子对玩耍时间的讨价还价,学校老师的每日短信通知,周末辅导班的轮番轰炸……交织成一张巨大的天罗地网,天网恢恢疏而不漏,几乎每一个孩子、家长都注定要成为这网中之物。

"小升初"的临近,像是在这本来就已紧迫的日子上头,突然又悬起一柄闪着寒光的达摩克利斯剑,家长们日日矛盾、焦虑,就像在剑锋下残喘的一群可怜蝼蚁。在家长们"快快快"的催促下,孩子们眼中特有的清澈、灵动不见了,小脸上,个个写满了倦怠不堪。

他们的生活,何时才能慢一点呢。

遭殃的老桂花树

进入小学高年级后,学校便为小虎他们班换了位数学老师。

我首先为班里终于有了位男老师暗自庆幸。因为自幼儿园开始,他的所有老师几乎都为女性,包括体育老师。在家里,围着孩子团团转的,通常也多是些女性角色,如妈妈、外婆、奶奶、姑姑、姨妈等等,她们以女性特有的细腻呵护着孩子的每一步。现在的男孩子普遍性格阴柔,或许就与这样的家庭和教育的双重氛围有关。

这位新数学老师一上任,便找家长一一进行了沟通。人很瘦弱,第一印象是他的一口老南京话。再者是他说话很爱打比方。看得出来,他对孩子们的事很上心,有一种上世纪八九十年代教师特有的老派作风。我们放了心。进入高年级尤其是毕业阶段,需要一位经验更为丰富的老师。但很快我便感到了小虎对他的某种抵触,甚至这情绪已经严重累及他对数学课的兴趣。他每天放学路上都要气呼呼罗列出一大堆的

"罪状"：

"今天课间十分钟数学老师又没给我们休息！"

"今天中午的时间，又被数学老师占了！"

"今天体育课，上的又是数学！没意思。"

"额的神啊，老师要求我们明天晨读要读数学书！"

……

这样的事情并非偶一为之，晨读读数学，后来逐渐成为了一种常态。

小虎上学的情绪变得日益低落。他赌气向我宣告：我不喜欢上数学课！

他说不光是他这么想，班里几乎所有同学都很反感"数老"的这种做法。

"什么，什么'数老'？"我问他。

"就是数学老师，我们都喊他'数老'！"这显然是一个对老师有些情绪的称谓。

"数老"是位老教师了，他的教学风格已经无法改变，那么，就只有缓冲一下孩子的情绪了。

在详细了解所有这些细节之后，我和小虎很认真地谈了一次。

我故意说:"要是我做你们的'数老',我才不会这么干!"

"唔?"小虎马上支棱起了那对大耳朵。

"你想想看,课间十分钟或者是中午休息时间,我呆在办公室里喝茶看书听音乐该有多舒服!给你们上课,我自己辛苦不说,还要被你们抱怨,这不是自讨苦吃嘛。"我说。

"就是的,他自己舒服了,我们也舒服。"小虎使劲点头赞同。

"做你们的'数老'真吃亏!别人都放学回家了,看看电视看看报纸啥的,可他还要把班里的十几名差生留下来,给他们一个一个补课,还要重新讲一遍课堂内容。他又不会多拿一份工资奖金,你说他为什么要这么做呢?多傻啊!"我故作疑惑状,大大地感叹着。

"唔⋯⋯"小虎一时无言,他也一样疑惑。谁不愿意过舒服日子呢!

"我要是你们班差生的家长,我就给'数老'发补课费。"呵呵,幸亏小虎成绩不算差。

"是的,他自己倒是真的蛮累。每天都是第一个到教室,连早饭都是在学校吃,天天吃面条!"小虎说。

"早饭都在教室里吃呀?这老师的确有些'磨人'哩。"我说。我对"数老"在晨读课上要求大家读数学书,也顺便表示了不可思议。

"真的是有些'磨人'……不过,看样子他比我们还累。他老是生病,眼睛不好,颈椎不好,肠胃不好……说实在的,他也不是一无是处。对了,他上课倒是挺幽默!"小虎辩解道。

"是吗?他?幽默?!"我一脸的不相信。

小虎最怕被人说他撒谎,便有些急了,说"数老"真的很幽默。接着他便以一口浓重的老南京腔,模仿"数老"批评学生的样子。小虎的模仿能力很强,那天,他形神兼备、惟妙惟肖地扮作"数老",手指着院里一棵老桂花树,一口气说了二十几分钟都不打磕绊。我笑得上气不接下气,连忙捂着肚子制止住了他:

"别说了别说了,否则,这棵桂树……明年……都要被你气得……从此开不了花了。"

与年轻老师们相比,或许这位"数老"的一些做法

的确显得老旧,但通过我与他的几次交谈,我发现他是一位有见地的老师,比如他常在课堂上批评一些同学只注重在外面拿各种奥数奖状,学校里的数学作业却一塌糊涂。这点我深以为然。

小虎还说了这么一个细节:

他们在上兴趣课时,"数老"并不下班回家,而是经常趴在教室外面的楼道护栏上,一动不动盯着教室里自己班上的几个男孩子,倘若有人调皮说话,课后就会被他留下来"谈心"。而谁家孩子课堂、作业表现好,"数老"就会对他的家长满腹真诚地感谢。那样子,倒像是他自己的一群孩子,家长反倒成了他要感激的外人。

情形在慢慢好转,小虎对数学重新有了自信和兴趣。但毕业班的数学功课压力骤增,小虎还是会时有郁闷,这时我便带着他,要他扮作"数老",把院里的某棵树木只管当作班里最调皮的学生,让他换位尽情数落一番,释放心里的压力。

小区的樟、柳、梧桐、紫薇、白桦,也因此几乎都被他数落了一个遍。

想必是樟柳梧桐之类年轻气盛的缘故,即使遭此"意外横祸",也一副无所谓的样子,来年照样枝繁叶茂,风姿摇曳。只是去年秋天,那棵最早"遭殃"的老桂花树,一下精神头不怎么好了。花期短暂不说,连香气都没有以往那么馥郁幽深了。

也或者,是天气异常的缘故?

不过,值得庆幸的是,小虎现在已经喜欢上"数老"和他的数学课了!

"假嘛日轨奖"

曾听到小虎班上的一位老师叹气:我们班男生的沸点都很低!

那位老师的意思是说,小学阶段的男生,个个天性好动,心浮气躁,一点风吹草动都能让他们兴奋个老半天。课便总是上得磕磕巴巴,不顺当。课间更是不消说,吵吵嚷嚷的声音,让过往的老师们直皱眉头。

其实,对于这个年龄段的男孩,岂止是沸点低,有的时候,他们简直是自燃型,根本不需要煽风点火就兀

自激情燃烧了。小虎不算班里最调皮的,但在家里,我看他还是会偶尔犯犯"神经"。本来一个人正襟危坐,正写着作业,却突然仰头大笑不已,待你跑去问他,却屏住了笑,假装无事般朝四周看看,一脸平静地说,没什么啊。可过不一会,又故态复萌了。

也真是无怪乎老师要叹气了。

五年级的时候,班主任老师体弱多病,住院之后,班里便来了位年轻老师,暂代他们班语文课。老师是位年轻的小伙子,班里的臭小子们一开始欺生,个个都不叫他老师,明里暗里都只叫他"老王"。"老王"似乎并不介意,不动声色观察了一个月,之后,便开始逐一施展招数,把班里最刺儿头的几位男生治得服服帖帖。

有次班会,小虎回来告诉我,"老王"今天给班里几位"爱出头"的家伙每人颁发了一个大奖。他说,这大奖一颁呀,班里便像炸开了锅,获得颁奖"殊荣"的几位个个都唉声叹气,其余人却都笑翻了天,还有当场笑倒在课桌底下的,更有人笑出了满脸泪花。

所谓大奖,其实是"老王"针对不同人单独设计出的治班绝招,确实很见创意。

比如，一男生上课从来坐不端正，总喜欢歪着身子，把手搭在同桌身上，与后座的同学随意说小话。"老王"便第一个给他颁了奖："迎客松奖"！可不嘛！黄山上的迎客松就总是这样侧着身子的。

有人早晨到校，总要磨磨叽叽迟到半小时20分钟的，"老王"还发现，迟到的又总是固定的那几位，于是乎给他们来了个集体奖："姗姗来迟奖"！

某男生上课总不认真听讲，被老师叫起来后，只好云山雾罩东拉西扯地瞎说一气，整个一不知所云。"老王"毫不客气宣布：看来，我们班"废话一箩筐奖"非你莫属！

班里还有一同学，对老师布置的作业不是偷工减料，就是干脆不写。一开始，"老王"并不知情，以为是他忘交了本子，便到教室问他要作业。他便跳起来嚷："我作业本早就交上去了！"说完还跑到讲台上、课桌下装模作样乱翻一气。几次三番，皆是如此，"老王"便心知肚明了。这次，这位男生被隆重颁发了一个"假嘛日轨奖"。

在老南京话里头，说一个人假装要去做一件事，便说他"假嘛假嘛的"，这算是中性词。但要是那人凡事

都喜欢装模作样、虚张声势,表演过了头,便要被人斥为"搞什么搞?假嘛日轨的"!

这一招果然厉害。班风为之一振,旧貌换新颜了。

非常之事当用非常之策,"老王"的方式是有些极端,却有足够的"杀伤力",暂时让刺儿头们各自收敛了不少。那位"迎客松",起码在语文课上是绝不会再扭头侧身子了;总是迟到的几位,也总算提前了几分钟到校;喜欢"假嘛日轨"的那小家伙,作业上交次数明显增多,书写也像样得多了。

"我……我不跟你爱情了!"

小虎自小就喜欢唱歌,乐感极好。

小时候,虎最爱唱的歌有两首,一是"常回家探探(看看)回家探探(看看)",陈红的那首。二是"花儿为什么这样红"。

我们小区里不断有人家装修,院子里总码放着一堆堆的细沙。虎喜欢玩沙子,更喜欢穿着肚兜站在沙子堆上高声放歌:"哎—哎—红得好像,红得好像燃烧

的火,它象征着纯洁的友谊和爱情……"那时,两岁多的虎还有些口齿不清楚呢,但音准、音调、气势都没得说。每次演出,小区的人都会跑出来看,一时间观众云集,个个都听得捧腹不已,巴掌都要拍红了。

一次全家聚餐,虎不知怎么的,生了我的气,不肯上桌吃饭,只气呼呼地,鼓着腮帮子,倔强地靠在一旁的墙壁上。一家人看着都好笑极了,不住地有人过去拉他上桌吃饭。没用!我示意大家别看他,也别劝,大家该吃饭吃饭。虎听了,更气愤于我的"漠然"和"绝情",他呼哧呼哧急喘了几口气,泪眼婆娑满面愤然地宣布:

"妈妈,我……我不跟你爱情了,我……我只跟你友谊!"

全家先是一片愕然,而后爆笑不迭。

这是虎对"友谊"与"爱情"的最初认知吧。

在他看来,"爱情"是最好最亲密的关系,而"友谊"呢,固然也好,也亲,但总不是最好,最亲。要差一截、次一等了。

当然,母子没有隔夜仇,那天的饭桌上,我们很快

就冰释前嫌,重新"爱情"了。

没想到的是,进入小学的虎又被"爱情"撞了一下腰。

一天,虎在家整理书包,忽然想起来一件事:"妈妈,前几天,我捡到一张纸条,是我前面的男同学写的,我认识他的字。"

纸条?我问。

他迟疑了一下,有些不好意思地说:"哎呀,纸条很流氓的,上面写着:某某某,我爱你!"

我大笑起来,说:"真的呀,不是你编的又一个故事吧!"

虎老喜欢编故事逗我开心,这我是知道的。

"不是,绝对不是。"虎一脸的严肃认真。

我相信了。

因为在与其他家长的交流中,我也听说过类似的事情。而且,刚巧,前一段时间,网上流传最广的一条新闻就是,某小学一年级的男生给女生递纸条,不幸被班主任截获了。那个可爱的男孩还写不全汉字哩,但他竟聪明到懂得画一颗红心,来代替笔画复杂的"爱"

字!他还知道,在红心的两旁一边画一个小人儿,两人手拉着手,表示他们要相亲相爱的意思。

这样的事情虽然还没有发生到虎的身上,但也悄悄来到了他的身边,足以令他困惑、好奇了。

当然,这信息也足以令每一个当妈的警惕、头疼。

他装作不经意地问我:"哎妈,你说我那位同学写的纸条,到底是什么意思?"

我无法回避他的提问,便决定和他一起探讨一下那张纸条的"意思"。

孩子是单纯的,但家长如何以一种单纯的心态和语言来解释给他听呢?

我想了想,忍住笑,问他:"那你先说说,那个某某某是什么样的人呢?"

虎:"是个女的呗。"

"嘿,"我说,"我当然知道她是个女的,但她,是不是学习很好,是你们学校的大队委?"

这下,轮到小虎吃惊了:"咦,你怎么知道她学习好?不过,她不是大队委,是中队委。"

我故作神秘,说:"我不光知道这些,我还知道写信

的那个男生学习不怎么地。"

小虎扮了个怪相,表示承认:"我们班男生成绩均分不高,上次考试,他的成绩好像是中下。"不过马上狐疑地问:"咦——你怎么都知道?"

我笑了:"是我瞎猜的,我并不知道。但我知道学习好的女生大家都很佩服。"

小虎眨眨眼,不明白我的意思。

我说:"是这样的。我对那张纸条的理解是,那个写纸条的男生,他的真实意思可能就是表达他对某某某的赞美,比如他可能是想说:某某某,你学习真好,在班里也很能干,所以我比别的同学更佩服你,我也想成为你那样的人,从你身上学到更多的东西!希望你能给我多一些鼓励。"

虎认真听着,认同了其中的一点,班里同学的确都很佩服那个女生,她不仅学习优秀,还经常在外面主持电视节目,出镜率很高。

"但他写的确实是电视里的那种话……什么什么……'我爱你'!"小虎还是对那个强烈的字眼耿耿于怀。

"哦,我明白了!你知道吗,爱首先是喜欢的意思,只不过,是特别特别的喜欢!在你们这个年龄,你喜欢一些同学,其实就是因为喜欢或者佩服他们身上的某些优点和长处,但有时候可能会在表达时用词不当。至于纸条嘛,也没什么好奇怪的,也许是他不好意思当面直接说出来,所以采取书信的方式……那封信,你就把它理解为男同学对女同学的表扬和赞美就可以了。"

"就……就这么……简单?!"

"就这么简单!在你们这个年龄阶段,爱情和友谊的含义差不多是一个意思。也许到了高中、大学以后,你们才能渐渐明白其中的区别。但在你们现在这个年龄,还暂时没有能力来区分它们的不同,实际上,它们也的确没有太多的不同。不过没关系,这就像你们现在的肠胃还无法消化糯米糕团一样的,是自然现象。长大了,你自然明白。"

小虎点点头,如释重负。

人生的第一次拒绝

小虎至今已经换过六位同桌,其中五位是女同学,一位为男生。

从上学第一天起,小虎就告诉我,班里的女生很"凶"的。原来,因为出生月份偏小的缘故,小虎在班里属于"小龄童",基本处于认知和表达上的"弱势"。小虎至今对他小学阶段的第一次秋游耿耿于怀。那次是去玄武湖,老师不住地叮嘱大家要跟上队伍,不要走丢了。于是,四周的女生便以此为据,对小虎严加看管,要他"不准往左看,也不准往右看,不准往上看,更不准往后看,你要一直向前看,才能跟上队伍不掉队"!结果,那次秋游之于小虎,完全变了性质,他几乎只看到了一条僵直的马路,至于马路外的风景,则全然没有进入他的视野!所以,整个小学低年级阶段,小虎都有些苦不堪言。只有在放学走出校门后,才像是看到了解放区的天,一脸的明朗轻松。

一天,我整理他的书包时,从里面找出了十块崭新的橡皮。我疑惑地看着他,小虎吞吞吐吐解释说,是准

备明天"送"给同桌的。联想到他最近的"反常"——总是放学最迟一个出来,我要他把送东西的原因讲出来。

他支吾着,说出的原因令我十分吃惊。

原来,女同桌强行"送"了小虎一片破旧的尺子,并要求小虎第二天送她十块新的橡皮擦,以作"交换"。

在我的追问之下,不公平的事情显然不仅于此。小虎也趁机大倒苦水——

同桌叫小虎每天都替她在作业本上抄"记事"。不仅是她,前后桌的几位同学也向他提出了这一要求。所谓"记事",就是老师每天布置家庭作业的提示;

同桌在书桌上划了一道"三八线",小虎的胳膊一旦不小心闯线,便要遭到粗暴的动作警告;

……

这情景,如此熟悉?!是在报纸上看到过的吧。

我突然意识到,小学校园已经是一个微缩社会,一墙之隔的校外成人世界,对于校园生活已经在步步紧逼了。校园外的种种风气已经被不可避免地夹带了进来。

我问他:"那,你自己愿意替同学抄'记事'吗?"

小虎委屈道:"当然不愿意。我自己也要抄的呀。帮他们一个一个抄完,我就得每天最后一个放学。"

我说:"那你应该明确告诉同学,自己的事情自己做。"

小虎没想到事情竟可以这么简单处理。他疑问道:"学校不是要我们乐于助人的吗,我这么做,是不是太不够意思……"

我笑说:"如果是在你不愿意的情况下,就不能算作'帮助'。他们勉强你做不情愿的事,是他们不够意思啊!"

小虎犹疑着,答应明天试试。他从书包里掏出了一堆粉红粉蓝的橡皮擦。

"那,这个怎么办?还送不送同桌?"

我说:"你先告诉我,同桌'送'你的礼物,你准备怎么办?"

小虎为难地:"我并不想要她送我尺子,是她非要给我的。"

"她是可以'送礼物'给你,但你也可以委婉地表示拒绝嘛。"我说。

"哦,我明白了,我明天就把尺子还她。"小虎找出那片已经被磨毛了的塑料长尺,在我眼前晃了一下,证明自己是真的不想要她的"礼物"。

"嗯。但也许她是好意,所以你明天还尺子的时候,一定要先谢谢她的好心,然后告诉她,你已经有自己的尺子了。另外,如果你愿意,你可以送她一块新的橡皮擦,但不是十块。而且,橡皮擦不是用作交换的。"

"好的,我知道了。"小虎的脸上终于开朗起来。

第二天放学,小虎破例早早出了校门。远远就看到他背着书包,一蹦一跳走过来,一脸的轻松,一路的悠然。在路上,小虎告诉我,今天又有三位同学一起要他抄"记事"了,包括同桌的女孩。

"哦,那你今天还能这么准时地放学?是你的写字速度练出来了?"我笑了。

"不是的,我告诉他们:自己的事情自己做!"儿子的神态有些骄傲。

"他们接受了你的建议?"我问。

"是的,他们一听,就把本子收回去了,今天是他们自己抄的。"小虎说。

"你看,事情很简单的,对吧。"我摸摸他的小脑袋,感怀于小虎的第一次拒绝。

"破壳日"

升入六年级,随着毕业时间的滴答临近,班里的同学日益流行开了一件事:请喜欢的同学在自己的毕业纪念册上留言。

纪念册已经不是我们当年使用的笔记本样式,要精美庞大得多,内页设置了很多有趣的分栏,比如要求填写姓名、性别、地址、兴趣爱好等等,而后,还有一项必须填写:"破壳日"。

天哪,我愣了足足三秒,才明白,"破壳日"的意思就是生日之谓。

我笑得稀里哗啦……这说法太可爱了,不是吗?此刻的孩子,个个都像是刚刚长成的憨态可掬的鸡雏,他们正要从一个乖巧规整、安全温暖的襁褓里跃跃欲试,破壳而出,然后,咔嚓咔嚓,露出各自的本性原形!

小虎的书包里,挟藏着许多张这类留言纸,都是同

学要求他回家填写的。

而这时候,毕业会考的氛围已经越来越浓了,各门功课,几乎每天都要一小考,一周一大考的,作业也越来越多。眼睁睁看着小虎身材由胖变瘦,由圆变扁了。

这类填字游戏,很是耗费精力和时间的。家长们个个都恨不得把时间掰成两半使,岂能再容忍这类游戏的横行?听说有的家长果断采取了"剿杀"战略,把孩子带回家的留言纸给撕得粉碎,彻底断了他们的念想。老师也密切关注到这些班级"时尚",把一些过于活跃的孩子叫到了办公室,分别谈心。

鉴于风声太紧,小虎把留言纸小心翼翼藏在了书包的夹层。可还是被我在整理书包时发现了。小虎表面照旧埋头做作业,但我知道,他的耳朵已经支棱起来,紧张地听着我的一举一动。

我突如其来的大笑声把他给吓坏了。他急忙站起来,问我怎么了。

我指着纸上的"破壳日"给他看。

小虎也笑了起来,说,哎呀,就是生日嘛!

那是一张班里女生请他填写的留言纸。小虎已经

在上面歪歪扭扭故作潇洒地填写了大半内容。

破壳日：×月×号

你的血型：说实话，我也不知道

你的爱好：僵尸电影

你的理想：研制发明出真正的僵尸

……

我的脑子里顷刻出现了一阵乱码。

我完全没有想到，"破壳"之后，随之而来的竟是僵尸！

他不是一直想要做画家、钢琴家、导演、考古学家的么？

我说，你，你，你怎么又喜欢上僵尸了?！你怎么可以……

他说，是啊，我一直都非常非常喜欢，你不知道吗？

我说，我……呃，不知道。问题是，你怎么会喜欢僵尸呢？那么恶心！丑陋！肮脏！可怕……而且，世上哪有什么真的僵尸！你，真的准备发明一具僵尸？

（此刻，我已经忍无可忍，用眼睛投掷出了许多枚愤怒、怀疑的炸弹。）

他说,呵呵呵,正是因为没有,我才要发明一个啊。要是都有了,也就谈不上发明创造了。

我哑然,只好转移方向,苦口婆心劝说,人家是女生,你给人家如此这般留言,把人吓哭了咋办?

他说,不会,你不知道,我们班女生都很"变态"呢,她们才不会哭!我做过一次详细的调查,她们竟然都不喜欢僵尸,只喜欢吸血鬼……吸血鬼有什么好的,我不喜欢,样子太丑不说,而且他们的模样和人也差不多,还和人一样喜欢谈情说爱的,想象力太差了,那些简单的鬼把戏一点也吓不住人……对了老妈,你喜欢吸血鬼还是僵尸?我觉得外国的僵尸样子比较好看,我将来要发明一个外国僵尸,中国的僵尸太乏味,他们都有一个太监的模样,只会举着手……这样——这样……朝前,一蹦,一蹦……

不等对面"僵尸"蹦过来,我"哇"的一声,落荒而逃了。

上山下乡

"上山下乡",本是流行于上世纪六七十年代的一场全民运动。这场运动改写了整整一代人的命运。但撇去当年这场运动遭人非议的一些极端手段和人生悲剧,"上山下乡"的本义其实是好的,至今也还有其积极意义。它朴素简单,是使城里孩子赤脚玩泥,承接地气,释放天性的好办法。

沈—从—文

利用暑假,我们全家带小虎飞了云贵、湘西等地,周游了南中国的好大一圈。

到湘西的凤凰,是临时的决定,因为主意的仓促,加之路线的不熟,因此,酷热之下,在不知名的好几个地方倒车,才终于在傍晚抵达。

这是虎在凤凰沈从文故居的留影。那天,他一进大门,便看到院子里的这口大水缸,他正嚷嚷着热,看到水,便开心地直扑过去。趴在缸沿的样子,像极了一只刚从水中跳脱出来的大蛙。

沈从文,对小虎来说首先是他最早认识的三个字。

小虎两岁时,有天晚上我坐在床边看书,小虎不愿睡,偎过来问我,在看什么书?我便教他认识了"沈—从—文"。

沈从文也是小虎"认识"的第一个中国现代作家。

他很早就知道,这是一位特别热爱故乡,写人写景都很美丽的可爱老头儿。他说,有一天自己要去湘西寻找老头儿笔下的翠翠,让她不再孤单!

这次去湘西,当然没有找着翠翠,但我们特意带他去了老头儿的墓地。在作家外公的讲解和陪同下,虎在墓前先是鞠了一躬,而后恭恭敬敬奉上了一束野草花。那是凤凰人对沈先生特有的一种致敬方式吧,沿街的卖花人,几乎只卖这种无名的花草。野草花与沈从文墓的清幽雅静很是相宜。

墓石不远处的一泓清泉令人难忘,行人多在此以手掬水,滋味清凉甘甜。虎在此更是乐游忘返,拿着木柄的水勺,嬉戏乐游了很久。看墓人是位瘦弱年长的老人,或许是这份工作的特殊性,使他颇见过一些世面,人十分健谈,能看出他内心隐隐的骄傲。但这工作于他也是清苦的,聊开了,便说起日子的困窘和无奈的挣扎。小虎的外公想也没想,便把口袋里的钱全掏了出来,执意送给他。看墓人推辞了一下,也就满脸羞涩地收下了。

回头再看虎的这张照片,不知怎么,就想起了毛阿

敏未成名时唱的一首歌,名字忘记了,只记得最后一句歌词是:

咕——咕咕呱——呱呱,青蛙青蛙唱的,多么高兴!

湘西之行,小虎也是高兴的。

无意,有心

小虎的美术老师是位年轻的女老师。作为家长,我并不曾与这位老师有过任何的交道。这当然是我的失职,但并不意味着我对小虎美术课的忽视。我固执地认为,孩子的作业本,才是一张真正的晴雨表,往往能准确预报出许多丰富复杂的校园信息,比如孩子在哪一方面有无天分,老师的教育风格是怎样的,以及孩子与任课老师之间的关系等等。

一两年的课上下来,我从小虎的美术本上,能时时感受到这位老师的可敬之处。

或许是女老师的缘故,她的课上得颇为感性,如她常在黑板上随机写下形容某一种心情的一两个词汇,这些词语是抽象的,比如"愉快",比如"郁闷",再比如

"压抑"等等。它们竟是孩子们绘画的课堂作业!

想想看,一群十岁左右的小孩儿,他们的眼神还是十足懵懂的,他们的感觉神经也还未为健全,对于他们能否准确细致地分辨出各种心情词汇的微妙差异,结果无疑是难料的。

但小虎每每总画得好。

对于小虎由此表现出的色彩感,也成了我们这些家长的意外收获。对这位女老师,我一直有着莫名的感恩心理,是她的感性教学使我这个妈妈不劳而获,发掘到小虎身上的又一处美好特质——世界是多彩的,而小虎对于色彩的敏感,也将有助于他对生活的热爱。

小虎几乎全是"优+星"的美术作业本强化了我的注意力。我充分注意到了他对色彩的独到感悟。但我们并没有由此着意培养他的绘画技巧,在近十年的时间里,我只是从外面的店铺里买来一捆捆的纸笔一盒盒的颜料,而后丢到小虎的书桌上,画不画,画什么,以及如何画,一切由他去。

我的"无意",当然是包含着"有心"的。

小虎上学,每天都要带去一本演算纸。演算纸由

A4纸对折而成,用订书机简单装订就成了。这样的本子他用了总有上百本了,有时候几乎一天一本。当然不是他演算数学多么用功,而是因为,我怂恿他每天在课间用演算本画画,记录班里的趣事见闻,他于是自创了许多的连环画系列,画的,都是小伙伴之间的趣事要闻。

对我而言,那是一张小小的富有价值的"新闻纸",让我能够确切得知他们班又发生了什么样的新闻,知道男孩子的课间游戏又有了什么新花样,他们的注意力兴奋点在哪里,以及任课老师在课堂上又有什么令人绝倒的高论等等。小虎的连环画,自然天成,没有训练过的人工痕迹,只是纯粹的兴趣使然,这使他对于学校见闻的记录日复一日,乐此不疲。常常是早上带去的一个新本子,晚上就画得满满的归家。

这不是比和任课老师通一小时电话更有效更真实也更有趣么?

对于一个妈妈而言,亲眼看着一个有朝气的生命,由缔造,到诞生,再到整个的成长,那绝不仅仅是一种粗线条的概念式的快乐。因为,许多顿悟由此产生,许多感动也由此弥漫心间。

眼前的这个小不点,他既是父母的融合,却又首先是他自己。

构成他自己的要素很多,你对他的每一次发现,都使他更能成为自己。

我曾把小虎带至江苏的睢宁,那里是全国有名的儿童画和农民画之乡。大概是那年的"五一",别人都把孩子往热闹处带,去往香港的迪斯尼、上海的嘉年华,或者惊险刺激的苏州乐园,我却和小虎选择了一路北走。

在全国有名的儿童画之乡,小虎与老师在一起

与沪宁线的热闹拥堵相比,宁连高速的冷清令我们一路惊讶不已。总要过好几分钟才能看到一辆过路车。区域经济的繁荣与否,从路况就可以了然于胸。当地的朋友帮我们早已联系好了一位有经验的儿童画老师,人质朴热情。她把我们带到放了假的清静校园,美术室里各种工具齐全,墙上到处张贴着孩子们的作品。小虎坐定后,老师并没有命题,只是说要先看看他的基础,说你随便画点什么吧。小虎想想,说我画自己。老师说好,小虎拿笔就在一张A3的大纸正中画了一个大大的圆。我正暗自紧张,不知他欲作何为,老师却爽朗地笑了起来,夸赞到:好!看你这一搭笔就行,敢画!在老师鼓励下,接下来的画作完成得很顺利。那张画后来被我放进了一个画框之中,至今挂在家中最显著的位置。

尚在吃奶的孩子,他的语言方式不外乎两种:哭,或者笑。小学阶段的孩子,处在另一种表达的断乳期,他要学会使用较为复杂的语言方式,而其中,涂鸦是最好的一种。色块的涂抹,线条的捕捉,对孩子都是一次次发现之旅,惊喜之旅。

在古邳学剪纸

古邳位于现在江苏北部的邳州市。年年的黄金周,我都会把小虎带往苏北的乡村或县城,访一访那里的古迹和有意思的民间艺术家。

照片上拿剪刀的这位,是邳州最著名的剪纸艺术家。他们夫妇不光剪得一手栩栩如生的动物形象,还

小虎向民间艺术家学剪纸

合力画出了一幅最长的运河两岸风物图。那天,在朋友的陪同下,我们贸然造访,来到他们家的小院子里。他们夫妇却并不讶异,而是特别朴实热情地接待了我们。女主人还为小虎特意展开了刚刚完成的一幅长卷,满院子的水泥地上,一下铺得满满当当,我们被这异常灵动美丽的画卷惊得说不出话来。

他们的画,被叫作"农民画"。但那天,我们所有人都被那幅画展现出来的勃勃生气震住了。那一刻你会强烈感觉到,所谓农民,他们的表面是质朴无华的,但这对夫妻用画面所展示出来的内心世界却如此丰富多彩!他们的用色极为大胆,艳丽的颜色造就出明快的气氛,形象也是极为象形夸张的,树木、花草、孩童、牛羊、田野……无不跃动着生命的欢欣,运河两岸富有民间特色的生活气息几乎是扑面而来。

小虎看得张大了嘴巴。他几乎是趴在上面一页一页看完的。

古邳之行,小虎大有斩获。他还在这位民间巧手的指点下,亲手剪了好几幅剪纸,拿回南京送给了几位小哥们。

074 变形记

二胡与钢琴的距离

我一直很喜欢这幅照片。画面上,多少透出来一种油画特有的质感和神秘气息。这照片时常令小虎回

忆起下乡的那次经历。他第一次明白,乡下不仅有土地、麦田、朴实的乡亲,更有令他懵懂好奇的乡村文化。

画面上的三个人,是小虎和我的二舅、舅妈。小虎管他们叫作二舅姥爷和二舅姥姥。

二舅姥姥脚下,安然蹲着一只大黄狗。乡下的狗,都有一只异样灵敏的鼻子,使劲一嗅,就能嗅出来者与主人家有无血脉亲缘关系,哪怕你是第一次来。如果答案是肯定的,它便一改初时的狂吠,而为异常亲热的依偎了。

二舅姥爷的身后,是一片深邃的黑。

这是二舅姥爷家的堂屋,在乡下,堂屋一般兼具卧室、餐厅和会客厅等多种功能。进去后,是记忆中熟悉而亲切的那种凌乱,屋里堆满了粮食、肥料,冷冽的空气里有一股隐隐的霉味。梁头上垂挂着几只塑料编织的篮子,我知道,里头一定有几个油纸包装的点心匣子,上面照例封着一页红纸,那红纸,也多半已被点心渗出的油浸透了一角。哪怕如此,他们依旧舍不得吃。

二舅姥爷听说小虎会弹钢琴,便兴致很高地取下门背后挂着的二胡,定要给他拉一段慷慨激昂的梆子

戏。因为属于临时起意,这段梆子戏并没有梆子的伴奏,却丝毫不影响老舅的兴致,他一边拉着弦子,一边哼哼着唱,鼻音很重,认真而陶醉:

辕门外三声炮如同雷震,天波府里走出来我保国臣,头戴金冠压双鬓,当年的铁甲又披上了身。帅子旗飘如云,斗大的穆字震乾坤,上啊上写着浑天侯,穆氏桂英,谁料想我五十三岁又管三军……

小虎坐在二舅姥爷的对面,起初有些客气和拘谨,对高亢的豫剧调子也听得一脸的惊惶和迷惑。到了高音处,二舅姥爷便落住了嗓子,给他细细解说这是《穆桂英挂帅》中的一段,小虎听得津津有味,忍不住也要试试拉弦子的感觉。

老舅的堂屋里,有一副大的蓝布帷幔,是一般乡下人家里少有的装饰,其松松拢起来的样子,使人仿佛置身在舞台之上,而虎与二舅姥爷之间的距离,不远,也不近,恰好是钢琴与二胡的距离,也是一个城市孩子与乡下老人的距离,是麦当劳和杂粮煎饼的距离。堂屋里的昏沉与暗淡,仿佛在两个人之间撑起了一个宇宙神秘黑洞,那真是一个充满冲突与交流的喑哑空间。

老舅说他一冬都没拉二胡了,天儿忒冷。但那天,他拉了一曲又一曲,一直拉到天上的雪花纷纷扬扬地飘下来。雪下得真大,等我们终于告别动身时,那条从乡村通往县城的羊肠小道已经完全归于白茫茫的田野,哪里能看得清楚其中的界线呢?!

# 家教私语

我喜欢小虎的英文名字：BEN。音译成中文，就叫：本。

本来的本，本色的本，本真的本，本然的本。

也是基本、根本、原本……的本。

有意思的是，外公的名字里也有一个"本"字。汪曾祺老先生当年曾为他画了一幅写意水墨：二三水鸟，几株墨荷，或暂停，或浅飞。空白处，落有一首小诗，表达的自是一种人往人来，风停风起，相逢屠狗，依旧当年的人生况味。画面和小诗，皆极为本色，淡然。

我常常想，所谓教育，有时候是否只是家长们的一厢情愿和自以为是？其实任何一株树苗，一丛灌木，都根本无须任何一种理论和学说的辅佐，而只需大自然的阳光雨露，便可以自成长，自快乐了。我们

只需站在一旁,充满喜悦地欣赏、阅读,是否就已然可以?

幽默,是一种能力

他刚刚从母腹中诞出,便逗得护士大笑起来——

护士把他抱上了产房的磅秤,正准备称量他的体重,秤盘上却腾空而起一注清亮的温泉,一滴不漏地,全部浇洒在了护士服上。护士不怒且喜,手脚麻利地做完手上的活儿,而后转身,告诉刚刚劫后余生的我:

"可真是一个坏小子!喏,要不是刚才这泡尿,体重就是七斤三两了!"

是的,现在在他的出生记录上,"体重"那栏清楚地写着:七斤二两。

数字的细微之差,不仅记录了一位产科护士的严谨,同时也告诉我,上天赋予了我一份厚重的礼物——

我的儿子,是一个与幽默与生俱来的男孩。

在虎出世那年,他的爷爷已经过世十三年了,但他

为自己未来的孙儿提前取了个好听的名字：小虎。小虎竟真的诞生在虎年。他属虎，又是狮子座，便注定这是个如夏天般火热的男孩。这匹"狮虎兽"，天生一个好胃口和一副大嗓门。最重要的是，他有十分显著的幽默感。

他从小便迷故事，有时候，一个同样的故事，他能在一天的时间里听上几十遍。有一阵子，他对《渔夫和金鱼》着了迷，竟十分喜欢扮演里头那个可恶的老太婆，常常是一只脚才刚踏进幼儿园的教室，就冷不丁冲着屋里的空气嚷道："你！快去给我找金鱼，告诉它，我要做海上的女霸王！"

老师们戏称他为"周导"，抑或是"周捣"吧。谁知道呢。

上了小学后，班里的同学又先后赠了他好几个外号，一曰"之之"，一曰"皮蛋瘦肉周"。新近又有女生在他的校园博客里留言，戏称他为"小米周"。几位班主任老师都喜欢他的笑，有时候老师见大家在课堂上学得倦了，便特意留出课堂最后的几分钟时间，请小虎上去给大家讲一个笑话。他的博客内容也是幽默风趣

的,跑来跟帖看故事的人很多。

十年来,他用自己富有感染力的笑声,和日积月累的无数幽默故事,不断累加和强化着他那天成的幽默感。这令我时时会想到那个称量体重的产房细节,并想到这细节背后可能的人生喻意。

幽默,是一种能力。

我希望他能够一直拥有这种能力,并能以此来抵御、释怀未来人生的种种不如意。

虎的个性里有羞涩的一面,他敏感、善良,但也有着隐隐的好强,有时便难免碰壁。但偶尔挨了老师的批评,他就主动一笑,马上表示歉意。老师们现在每年都要在他的成绩报告书上大大夸赞一番他的微笑,夸赞他对同学们的温善和友爱。而在我看来,再没有什么能比这种评语更让我喜悦的了。

因为,我是一个微笑男孩的妈妈。

收藏冰淇淋的孩子

有这样一个可爱的单眼皮男孩,在他的脸上,有两个若隐若现的酒窝,里头仿佛蓄满了笑容,见到人,就慷慨大方地送上一个善意的微笑。在他 6 岁的时候,他向所有人宣布了自己的远大志向——我要做一名收藏家,专门收藏天底下最好吃的冰淇淋!

只有我知道,这个美好的梦想,其实正是这个小男孩心中永远的痛。他甚至比医生都更清楚地知道,自己有哮喘病,绝不能像一般孩子一样,畅快淋漓地吃上一口冰淇淋。否则,后果将是灾难性的,他将很快喘不过气来,喉咙里像是一下堵住了千军万马,他不得不平躺在床上,佝偻着身子,像一只虾米一样,竭尽所能地做这世上最为艰难的一件事——

呼,吸。

是的,呼气,吸气,如此简单的动作行为,在那一刻却变得痛苦而艰难。最难受的时候,我看见他竖起自己的小小手掌,狠狠拍打自己的嘴巴。他竟以为,一定是自己的嘴巴出了什么问题,要不,好好的,空气怎么就出不去,也进不来了呢?因为痛苦,他只得紧紧闭住眼睛,隐忍着,等待奇迹的出现。他的小脸看上去已经有些紫红,那是憋气所致,因为缺氧。

对这一切,我却无能为力。只能眼睁睁守在一旁,痛恨自己因为贪嘴,竟买回家一大桶香草冰淇淋。他不知不觉吃掉了将近一半,然后就……

那是足令我一辈子铭记的可怕场面,从此我坚决拒绝了自己对冰淇淋的喜好,也试图阻断他对冰淇淋的记忆。而一切可能诱发哮喘的甜食和膨化食品,也全部被我丢进了垃圾桶。

但冰淇淋的诱惑是如此的强烈。那个夏天,他一遍又一遍地想象与回味去年夏天冰淇淋留在他舌尖的最后一抹滋味,陶醉于那种无限放大了的凉爽、甜香。

一天下午,我带他去理发,日头仍旧肆意蒸腾在马路上,他仰起小脸,与我商量:"今天太热了,能不能……啊?"说完,吧嗒吧嗒嘴。

"能不能",是一句只有我与他才懂得的省略语。因为那次惨痛的教训,此后他只字不提"冰淇淋"三个字,他简单地以为,不提,就可以避免重复上次的遭遇。

但人对欲望的控制常常是无效的,甚至作用相反。对"冰淇淋"二字表面的避讳,完全抵挡不住它在暗地里的嗖嗖膨胀之势。

我完全懂得,冰淇淋对一个孩子的诱惑力。但我狠心摇了摇头,回答:"不能。"

一群刚刚游泳上岸的孩子,一个个晒得黢黑,头发还湿淋淋的,他们把上衣搭在肩膀上,一人手持一个冰淇淋蛋筒,迎面而来。我们躲避不及,只好走过去。为首的那个男孩子,竟一只手夹住了两只冰淇淋,他伸出舌头,不慌不忙在两只甜筒上一掠而过,只听"吱"一声响,甜筒上头的两个尖顶瞬间被卷入口中,不见了。

这真是致命的诱惑。

我们一下变得脆弱恍惚。在与他们擦肩而过的刹那,竟强烈地嗅到了空气里飘来的那股子清凉的奶油浓香。我们两个都有些神魂颠倒,脚步绵软无力。那一刻,我们二人,就像是误入百花丛中的两只蜂儿,明明可以忘情地遍尝百花滋味,却偏偏只能装作视而不见。

太残忍了。

我忽而有些愤然,之前的所谓坚定一下动摇了,自言自语道:"算了,要不,我们也去买……哪怕只尝一口……"

"噢……"但他只欢呼了一下下,立刻停住了。

"不……还是不要了,我怕喘……"他一下抚住了自己的喉咙。

一个孩子,面对那么刺激的场面,竟然有比我健全得多的理智。

我立刻清醒过来,有些自责。"对,咱们不吃。"说完,拉着他,逃也似的离开了。

去年夏天,他班上的同学举办生日会,邀请了几位要好的同学过去吃麦当劳。到了约定的时间,我开车去接,对方家长满脸夸张地跑过来,说你家孩子真是不得了,了不得!我问怎么,她说,天儿这么热,所有的孩子都吃了两个冰淇淋哎,只有你家孩子,一个都不吃。怎么劝都劝不动!你说一个小小的孩子,他怎么能这么克制自己……孩子毕竟是孩子,哪有不爱吃冰淇淋的……

她话里的意思我懂,她是在委婉指责我们家庭教育的保守与克制。但她对吃了冰淇淋后的后果显然不懂。我笑笑,向她表示了感谢。

回家的路上,我问他,为什么坚持不吃。他淡然道,因为不能吃啊。

我一度怀疑,是因为长久不吃,他或许已经忘记,也不再惦念冰淇淋的滋味了。

将近五年的克制是成功的,哮喘发作的频率越来越少,最近两年,竟一次都没发作过。

今年五一过后,天忽然大热,我接他放学,远远看见他和班里最要好的一位同学走过来。男同学不时低头,小心翼翼地舔一口手里的蛋筒。他则笑笑地歪着身子看,很开心很享受的样子。

走近了,我问他,你怎么不吃,口袋里不是有零钱的吗?

他说,是啊,我知道,所以我请了同学吃。这是今年的新品种,蓝莓夹心的,不知道味道好不好,我要请他吃吃看!这个牌子的冷饮,今年又推出五个新品种呢,我要一个一个知道它们的味道。

请人吃冷饮,自己只是要一个空洞的评价?

原来,那个收藏冰淇淋的梦想,并没有远去。

我哑然,想了一下,说你们等等。我跑去又买了两只冰淇淋,一只递给他。我说,我们一起吃。

他瞪大了眼睛,说,真的可以了吗?

我很肯定地点点头,说,不过你得慢慢来,一开始吃半个。

他惊喜地接过去,很乖地说:我先吃三分之一。

我们三个人,站在马路边上,满头大汗地吃冷饮。

这是多么平常的街头小景,可又多么珍贵。

大豆与小豆

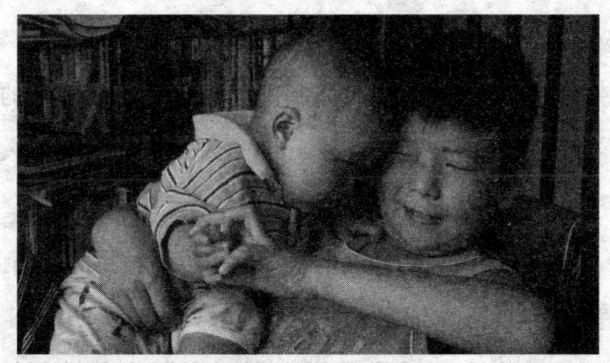

大豆是哥哥,小豆是妹妹。

小豆满两岁的时候,大豆十岁。哥哥小大人,懂得

凡事要迁就可爱黏缠的妹妹。妹妹小人精,知道自己在哥哥心里的位置,有时就会突然扑上来,抱住哥哥的大腿,娇嗔地喊一声:"大豆一抱!"

"一抱",似乎是她无锡外婆家的方言,意思是要他抱一抱自己!大豆其实也还小,自然抱不动,大豆便蹲下身子,和小豆彼此深深地拥抱一下。

大豆并不真的叫大豆,大豆就是小虎。小豆叫东子,是我弟弟的女儿。大豆是东子对哥哥特有的称呼。我们有时便也据此叫东子为"小豆"了。大豆的几个小哥们来家中做客,小豆也想加入,便乖巧礼貌地上前笑脸相迎,一一叫大家为"西大豆"、"土大豆"、"峰大豆"、"强大豆"。好在"大豆"们都很大度,并不计较称呼的好坏,都愿意带小豆子玩,这可把她高兴坏了,嘴上大豆大豆的,叫得更甜了。

兄妹俩长得像,脾气性格竟也相仿,他们身上都有超常发达的幽默细胞。小豆不到一岁的时候,家里来了位日本客人,人十分开朗、健谈。席间,她喜欢用异常夸张曲折的"哎——!"一声长叹,来对我们每一个人的话报以十分热烈的应和。出于礼貌,也因为父母眼神的一再"镇压",我们都使劲憋着气,不敢笑。是夜,在她第N次发出赞叹的时候,饭桌下面也传来一声同样的声音,只是嗓音柔嫩得多。大家低头一看,竟是独自溜到桌下玩耍的小豆。她模仿得简直惟妙惟肖,憋了一晚上的我们终于借机爆发,捧着肚子噗噗大笑不已。客人不仅不见怪,反倒惊喜地又发出一叠声的"哎——!"场面变得愈发不可收拾起来……

小豆的所在,气场必定是喧闹的,音乐声、儿歌声、大人的批评声赞扬声,以及随之而来的哭声、笑声……像是时时在上演着一场多幕剧。大豆反而文静些,放了学,自觉上楼写作业、读书、上网。大豆"业余"收罗了一肚子的幽默故事。但大豆讲故事沉不住气,往往还没开口,自己先笑成了一团。大豆的故事像是一部拍不完的电视剧,而故事的主角永远叫"小明"!

小豆见大豆每天总有做不完的作业,便也拿上一支铅笔,陪大豆坐在桌边,大豆做题,小豆画圆。一般画出的,却是一只"土豆"或"扁豆",偶尔画出一个真的圆,便兴奋地拿给大豆看。大豆看看,夸奖几句,小豆便很开心地放下笔,拍拍手说我的作业写完了。

有一次听俩豆儿作业时的对话,忍俊不禁,实录如下:

小豆:小雨妹妹今天又哭了……

大豆:那你今天有没有哭啊?

小豆:东东没哭。东东高高兴兴去玩了……东东还……高高兴兴……去麦当劳吃薯条、吃番茄酱。

大豆:噢,薯条不能多吃哦。

小豆:嗯,要蘸着番茄酱吃!

大豆:蘸番茄酱也不能多吃!东东最听话了,是不是滴?

小豆(想了想):滴!(意为肯定)

后来才知道,去麦当劳一事,压根儿是小豆自己杜撰出来的。

五个耳光或一个亲吻

1805年,20岁的补鞋匠和30岁的洗衣妇诞下了他们的儿子汉斯·克里斯蒂安·安徒生。这样一个平凡的家庭,却孕育出了安徒生不凡的头脑。在他的诸

多篇章中,我最为偏重他那篇不那么出名的故事——《老头子做的事总是对的》。

这故事极富形式感,三千多字似乎包含了无尽的趣味和深意:

老头子决定拿他的马去换些别的更有用的东西,于是,在老伴温暖的一吻之后,老头子出发了。他去集市的路上,看中了别人的一头奶牛,他立即跟人做了交易,用他的那匹马换了一头奶牛。这交易还不赖。但是后来他又看中了一头羊,他想到了自家门口有一片茂盛的草地,正适合羊的生长,于是,老头子毫不犹豫拿牛换来了羊。紧接着,他又一次次变了主意,交易的结果便是羊变鹅,鹅变鸡,最后,竟然用手里的那只鸡换回了一筐烂苹果。

如果你记性还可以的话,你一定记得它们是由最初的一匹好马一路交易而来的。老头子显然不是一名合格的商人。照现在的市场经济眼光来看,他简直就是傻瓜一个。

问题是,他回家将如何向老太婆交代呢?其结果就连一旁的英国人都预想到了,他嘲笑道:"等到你回家,你那

位老太太要狠狠给你一个耳光。你要倒大霉了!"老头子一共做了五回交易,那么,他在回家向老太太汇报时,必逃不脱五个耳光。这不是他应得的么? 老太婆在家翘首以待,难道就该盼回这么一筐烂苹果么?

于是两个好事的英国人决定拿一袋金币设赌,赌老头子回家后必迎来暴风骤雨般的耳光。老头子同样是心满意足地同意了。唉,他仿佛就没有不心满意足的时候。

回到家,老太婆只顾着拥抱她平安归来的老头子,却既不去注意那两个陌生人,也没有在意老头子究竟用马换来了什么。

老头子主动交代说,我把马换了一头母牛。

老太太马上热切回应到:"谢谢上帝,现在我们可以有牛奶喝了。换得好!"

老头子接着说,不过,母牛又换了一只羊。

老伴的回答是:"那就更好啦! 你总是什么都想到了。这一下就有羊奶、羊干酪、羊毛袜了——对,甚至还有羊毛睡衣。你怎么搞的,真把什么都想周到了!"

……

最后,老头子终于说到拿鸡换了一袋烂苹果的重要环节。

那老伴竟异常高兴起来:"什么!为了这件事我真得亲亲你!"他老伴说,"今天我到小学校长家借香草,可是校长太太真小气,她说没有什么可借的,哪怕是一个烂苹果。我连一个烂苹果也不能借给你,我亲爱的老太太。她这样说!但是现在,我能借给她十个,甚至整整一袋烂苹果了!这个玩笑开得多好。我想想都要笑出来啦,老头子!"说着,她扑上去,再次给了他一个热烈的吻。

结果呢,老头子赢到了那袋金币。

这是一个不按常理出牌的故事。但安徒生在把老两口的傻推向了极致之后,结局竟出现了戏剧性的扭转。

在许多父母的眼里,自家的孩子都像那老头子一样,是容易犯傻糊涂吃亏的主儿,他们的价值观是有问题的,他们极可能干出像拿家里的古董去换一枚锈铁片这样的傻事来!他们判定一个东西的价值,与世俗标准甚至是相反的。你觉得无比昂贵的,在孩子的眼里可能一钱不值;你觉得一钱不值的,在他们那里却是

稀世的珍宝!半天时间可以用来背会多少英语单词啊!但小孩子却更愿意傻乎乎研究蚂蚁搬家的路线;随风飘来的一片枯叶也能让他们恍惚走神,他们似乎活在梦呓里……

孩子们的世界,是人性的懵懂阶段,但懵懂并不等于无知,他们只是对自己的兴趣和人生尚不够清晰,而这种不清晰恰恰又代表着多种宝贵的可能性,所以,对于他们的怪言诞语,甚至是出格的言行,且让我们都去学学那位老太婆——

只管张开双臂,送上我们温暖的一吻。

种桃,种李,种春风

每个人心里都有一亩田

用它来种什么

种桃,种李,种春风。

这是我和小虎听过的最具诗意的一首歌,它就是歌手齐豫、齐秦姐弟合唱的那首《梦田》。

种桃种李已经足够诗意。种春风!是多么离奇、天真的念头,但这念头,又是多么真实而令人向往!

种桃,种李,本属于农业社会的一种艰辛劳作,在现代社会里已然幻化为一片遥远的家园梦景,那无疑是现代人不再能轻易获得的奢侈体验。但无论如何,那是一种曾经流淌的如歌行板。而种春风,却是一种匪夷所思的情怀,它只能出自一颗纯净的童心。

孩子心中的梦想,通常离生活很远,但也离现实最近。最重要的,是你要坚信他心目中的那个梦想。我常常觉得庆幸,至少,在我们现实的世界里,还有少许的歌词和漫画,给童心预留着部分的版面和听众。它们宛如一支清澈的峡谷溪流,不断洗刷校正着世俗的

价值轨道,感动我们麻木的灵魂,映照我们的精神病象。

每个孩子稚嫩的心灵,都是这样的一亩田。他们在田里栽种下的一切一切,都是我们称之为梦想的东西。他们在童年的世界里,以梦为马,信马由缰。无论那梦想多么幼稚,多么不切实际,那就是一朵朵绽放在他们心里的花骨朵儿。

这些花骨朵是奇异的,可也是隐形的,因为——

市侩现实的人看不到,

贪大求全的人看不到,

阴冷残酷的人看不到,

心肠硬结的人看不到,

早衰的人看不到,

绝望的人看不到,

没有梦想的人,也看不到。

能够看到那些梦想之花的人,一定是世上最为幸运的人,他们必定心存善意,光明磊落,他们也必是温柔细致的人,懂得付出,相信奇迹。

孩子们的心,是世界上最美的一块田。

心田很小,但对于妈妈们来说,又显得空旷无际了。因为,倘若没有充分的思想和心理准备,那是无从下手的。对这块心田的随意栽种,都只能换来无尽的懊悔。类似揠苗助长的教育悲剧,我们不是已经听得太多太多?

心田的栽种,最需要妈妈们用心浇灌,并辅以春风般的胸怀。

和世上所有的妈妈一样,在过去的十年之中,我一直在这块方寸之地努力学习着种植。

因为,小虎是一个有太多梦想和心愿的孩子。

比如,他说他要在中学就拥有自己的乐队。

中学毕了业,他想要去法国,在巴黎学习真正的电影艺术,做一名电影导演。他甚至已经在改编自己要拍的第一部游戏电影,以及男主角将由尼古拉斯·凯奇来扮演等等。

我更没想到的是,他对自己的人生已经规划得如此遥远而丰富——

他说,他要在五十岁之后放弃一切去画画。他说他其实最喜欢的还是画画;六十岁之后去考古,因为,

他一直对那些埋藏在地下的宝贝和传说迷恋好奇……

而他在说出所有这一切的时候,才只是一个刚过了人生第一个十年的孩子,他竟已经对以后的人生,进行了一个又一个的十年规划,这不能不令我吃惊而着迷。

这是一块怎样的田呢?它仿佛蕴藏着无尽的可能与生机。

我被这样一块田所包罗的未来景象深深折服了。

于是,他说拍电影,我说好;

他说画画,我也说好;

他说考古,我亦热烈赞同。

小小年纪的他,在我面前,给我勾画的竟是一个如此绚丽而丰富的人生,我有什么理由不为他鼓掌并热烈地对他说"好"呢?

那是他的一个又一个美丽的梦,更是我对他一个又一个的热望。

但我会及时把话题轻轻收拢,告诉他:嗨,宝贝!拍电影、画画、组乐队都可以,也都支持,不过呢,路得一步一步走,水得一口一口喝,喏!你今天的任务是,把这一页的英语单词背下来,我过会听写!

虎脸上的肌肉立即收紧,做痛苦状!

但是牛皮(抑或是虎皮?)已经吹出去了,外语无论如何都是要学的,否则,去巴黎的餐馆点菜,就点不出他热念已久的法式焗蜗牛啦!

"好吧,我——学!"

小虎挠挠头,眼神重新回归现实。

有时候想想,如此当妈,总有点趁火打劫的意思。

其实呢,本质上,应该算是趁热打铁吧。因为,每一块钢铁的炼成,都是以梦想做诱饵的。

耕田下种,时节的把握最为重要,错过了节气,也就错过了一个好年景。世上所有的妈妈们,趁着一年好光景,种桃种李种春风啰!

把跟头当作一次飞翔

小虎小的时候,我们还住在林业大学的附近。那里不仅人多,树木品种也极为繁多,据说,全市所有的花草树木在这里都能找到植物样本。这样,大学便显

得既热闹又幽静。白天,各种小贩吸引来无数的学生,他们彼此讨价还价的声音嘤嘤嗡嗡,一直响到黄昏时分。

黄昏,也是我带着小虎到林业大学里面纳凉、散步的时刻。林大夏日的黄昏最舒服,道路四处通达,在习习的凉风中走一圈,一天的疲劳就都消散殆尽了。

那天,一个约莫十四五岁的男孩骑着自行车从我们身边风驰电掣地经过,小虎看得有些呆住了。看得出来,他很羡慕这个哥哥闪电般的娴熟技艺。我们牵着手,一起目送着那个骄傲的背影远去。前面十几米处,就是一个岔路口,吃完晚饭和将要去吃晚饭的人群交流如织,那个男孩子却一点不愿意减速,他像一条鲜活的泥鳅,灵巧地在人群中东拐西躲,勇往直前。他是在炫技呢!可我们都为他捏了一把汗,紧张注视着他的背影——

他已经不得已打响了铃铛……

为躲避一个架着双拐的残疾女孩,他连人带车子倾斜成了四十五度角……

哇,他终于突破了人群!

突然,一对端着饭盒的学生情侣挡住了他的去路。我们终于看到了最不愿意看到的一幕:

男孩万不得已,来了个急刹车!

但他明显经验不足,在那样紧急的时刻,他竟然只握了自行车前刹!这个失误,使男孩和车子突然腾空而起,来了个低空翻。那个空中的动作太过完美流畅,以至于我们瞬间都产生了他依旧在炫技的错觉。但他落地后的痛苦表情和自行车的一片狼藉却告诉我们,他是失了手。

我们连忙赶上去。围观的人很多,但都不敢轻易出手相救,生怕他哪里骨折了,反倒帮错了忙。有人低头向他索要了家里的电话号码。约莫十五分钟之后,一位满面焦急的中年妇女急匆匆赶了过来。男孩委屈、气恼也很羞惭地向来人叫了声"妈妈……"妈妈却并没有首先安慰或着急察看男孩的伤情,她老远便气急败坏地数落起来:"早就警告过你的,别逞能!你不听,看看,现在好了!净给我干丢人现眼的事!没摔死就给我爬起来,赶紧回家去!你宋阿姨她们三缺一,正等着我呢,一圈麻将都不让人打完……你可真是个让

人不省心的孩子!"好不容易数落完,才手脚粗重地把男孩拎了起来。男孩已经顾不得喊痛,他的脸涨得通红。妈妈的奚落使他有些抬不起头来。在妈妈的推搡下,男孩一瘸一拐地走了。几位好心的大学生跟在后面,帮他们抬着那辆几乎散架的自行车。

人群渐渐散了。校园里的路灯渐次亮了,我们继续在一排排摇曳着的树影下漫步。

小虎心有余悸的样子,走得不声不响。我笑问:"哎,将来你和哥哥一样大的时候,敢不敢这样骑车?"小虎犹疑了好半天,终于摇摇头。我笑道:"呵呵,你是不是在想,哥哥一定摔得很疼?"小虎说是的。他抬头看了我一眼,眼角似乎汪着一颗泪。我安慰他说:"小哥哥看样子没什么大问题的。要不然,他就要用担架抬,自己可就走不起来啦。"小虎这才"哦"了一声,舒了口气。

"妈妈,要是我骑车摔了,你会不会骂我?"小虎问。

"骂你?为什么?"我问他。

"刚才小哥哥的妈妈就骂了。"

"呵呵,可我不是那个妈妈呀。首先妈妈不会也不喜欢打麻将。另外,那个小哥哥摔了那个大一个跟头,一定很疼了,心里也一定不好受。要是你摔了跟头,妈妈心疼还来不及,更不会骂你了。放心吧……那个小哥哥的妈妈其实也是心疼他的,要不然,就不会那么着急火燎地赶来了。小时候,老人就常告诉我们,打是疼骂是爱,不打不骂没人爱。父母呀,没有不疼爱孩子的,只是方式各有不同而已。"

我趁热打铁,向小虎进行了常识教育,告诉他如何才能避开可能的危险:"对了,你知道那个小哥哥摔跟头的原因吗?你看,自行车有前刹和后刹,急刹车的时候,两个刹车要一起刹住,不然的话,车子和人就都会像小哥哥一样飞起来,多可怕呀……"

世上的妈妈有千千万,母爱的方式也便有千千万万种。

母爱是所有母亲的本能,但随着孩子的成长、壮大,母爱其实也需要不断地升级、改造。如果没有意识到这一点,在孩子们进入青春期后不断制造的麻烦面前,母爱的表现方式,可能就只剩下了简单的苛责,甚至是盲目的体罚。

在那个男孩的妈妈眼里，或许认为孩子已经长大了，却为何总是那么不懂事。他似乎只知道逞能、惹事，让家长不得片刻的安宁。这是她呵斥男孩的最主要原因。但她应该知道的，男孩子在人生的第二个十年里头，正是精力最为旺盛，也最不容易约束自己的阶段，随着他们自我意识的觉醒，好奇心的增强，他们的活动半径也极速扩大，甚至，有时候会远远超脱出父母的视线范围，做出许多"出格"的事来。父母的职责，或许应该把第一个十年里仅仅供给孩子的吃喝玩乐学转移到另外一个重心上来，它应该包括给孩子安排适当的体育项目，树立一个合理的学习目标，学习更为广泛的自我保护技能等等。

毕淑敏曾经说："爱很艰巨，爱要我们在时间中苦苦摸索。"

是的，爱需要不断地学习，爱的能力也需要不断地升级。对于男孩们在青春期的种种"出格"之举，是格外需要母亲的宽容和协助的。

爱不是一劳永逸的，需要不断地输入和付出。

母爱有多种内涵，多种层次，多种级别。跟随孩子

们长大的脚步,让母爱成长,同样是做母亲的一门功课。而这门功课,我们只能做到及格,却永远不会满分。因为我们只能在教训中学习,在跌倒中爬起。但如果母爱不灭,何不把跟头当作一次飞翔?

唐诗宋词 ing

三十多年前,那时还没有水泥的马路,在县城通往乡村的大路上,为防止土路扬尘,往往铺着一地的碎石子。父亲悠然骑着车,车子的后座上是他才刚五六岁的女儿。石子儿时常硌得自行车"咯吧"一声,颤颤地上下一跳,这父女二人,也便随着自行车快乐地颠上一颠。小女孩很开心,因为很快就能看到乡下的爷奶了,还有村里的小伙伴们。父亲听她一路唧唧喳喳,就说:这么高兴,你背首诗给我听吧。于是,两旁的麦田都听见了那女孩儿清脆的童声:

锄禾日当午,汗滴禾下土。谁知盘中餐,粒粒皆辛苦。

一阵风吹过来,满地的麦穗儿听得频频点头。

三十几年后的一天,当年在大路上背诗的小女孩,如今已成为了母亲。岁月沧桑,不变的,唯有对唐诗的情怀。

她和儿子晚饭后会去附近校园静谧的小径上散步,一轮明月探出了脸盘,从树叶间撒下了一把柔美的清辉,于是,校园的一切都变了,像是一起进入了梦境,只听人语渺渺,车辆如流。母亲说,儿子,背首月亮的诗吧。儿子略想了一想,便颂声朗朗:

花间一壶酒,独酌无相亲。举杯邀明月,对影成三人。

月既不解饮,影徒随我身。暂伴月将影,行乐须及春。

在我们中国,像这样的家庭大概并不在少数。唐诗宋词,就像是一把有着特殊魅力的接力棒,祖辈传给了爷辈,爷辈传给父辈,父辈传给儿辈,儿辈又传给了孙辈,世世代代,无穷匮焉。

这是一种多么美妙的接力啊,一代代传递下来的,是对人生万物各个不同的感悟和情思。

不过,许多诗词典章中埋藏的深意与境界,并不是一个小孩子所能真正领会的。如何教育虎也能进入这个美妙的诗词世界呢?

我们找到了一种学习唐诗的特别方式:一首七言诗,小虎一般通读三遍便会熟背了。之后,他便摸出纸笔,根据自己对诗句的理解,画出一幅画来。画作完成后,我便去照相馆封塑,防止日子久了色彩黯淡。一张张积累下来,竟很可观了。即使是在小学的这最后一年里,我们仍旧坚持抽空读诗、画诗。画唐诗,能兼及娱乐和学习,对于一个面临毕业冲刺的孩子,不失为一种化解压力的好办法。

小虎的父亲是书画家,曾专门出版了一部《我的唐诗之旅》。沿着唐人的诗词踪迹逍遥漫步,那是他经年的向往。他在《梦回唐朝》这篇文章里说过这样的话——

如果说人生是一次旅行,那么,我希望我的导游是唐诗,我的旅程是唐诗之路。

还在咿呀学语的时候,一个春天,一个雨后的清晨,窗外一地落花,摇篮中的我便听到了母亲那"夜来风雨声,花落知多少"的低吟。从此,唐诗便如母亲的声音一样,深深印在了我的心中。

事实上,这种摇篮边的低吟也是世界上母亲对孩子最好的启蒙!只可惜,这种启蒙在当代已被大多数

母亲所放弃了!

有时候我想,她们放弃的又何止是启蒙,她们放弃的很可能是人一生的情怀啊!人,如果没有了情怀,拥有再多,又有什么意思呢!

唐宋王朝,对于千年后的今人而言,是一场依旧缭绕在心田的辉煌旧梦。中国历史上每一个朝代都无一例外地经历了由盛而衰的曲折历程,唐宋也是如此。盛唐的万千气象,终于抵不过晚唐的摇曳暗灭;北宋的国都开封,曾是何等的繁华夺目,孟元老在《东京梦华录》里记载说其"太平日久,人物繁阜……举目则青楼画阁,绣户珠帘,雕车竞争驻于天街,宝马争驰于御路,金翠耀目,罗绮飘香"。真是好一个"八荒争凑,万国咸通"的繁盛时代。但世易时移,到了南宋,最令人扼腕的,莫过于"直把杭州作汴州"的诗情感喟和世景讽刺了。历史每每呈现出如此惊人的相似轨迹,而后人对于朝代更迭演替的观望,除了翻阅正史而外,诗人笔下的吟哦,更成为阅读历史的感性佐证。唐诗宋词,便宛如这人间双娇,使两个中古盛世王朝的背影始终缠裹着绝色美丽的锦缎华袍,人们想要一窥那一时代的风

姿,就必要先沉迷于唐宋诗词的世界,扯开这层层语词堆砌的帷幔,你才能得以领会那些远逝王朝的神秘气息与魅力。

唐宋诗词是过去岁月的遗痕,但它们并没有随着历史的烟云黯然远去,与时俱废。相反的,随着人们对精神世界的转身探求,对幽雅情怀的痴迷流连,它们仍旧活在当下。诗词形神内蕴的清明雅正,诗人词人们高远的性情襟怀,还有深藏在诗词珠玉之中的盎然古意,正在被今人不断地发觉、汲取。看网上博客,或读文学刊物,发现时下重读唐诗宋词的人真是越来越多了,他们以诗词和韵,以风雅为帜,一簇簇,一群群,颂声朗润,俨然另一种民间了。我想,那不是为了无谓的温故和虚弱的怀古,而是要从古人以雅相尚的情怀之中,再次接续我们濒于枯竭的精神源头,反观我们的发展路径。文化意义中的新与旧,不是一对反义词,从历史的角度来看,它们甚至并没有本质的不同。

或许,每一个人都应当以此摒弃浮泛的心气儿,与孩子们一起读唐诗,回归本真故土。

因为诗词有力量!

一次艰难的闲聊

小虎放学回家,一脸的忧愁和烦闷。

他说,老师今天布置的语文家庭作业超难。是一篇作文,要求谈谈什么是道德。

道德?我问。

道德!他说。

这的确是个棘手的篇章,竟连热爱写作的小虎都被难为住了。

他愁眉苦脸地挨个问我:

写作文要有例证,那,在公交车上给老人让座,算不算讲道德?

过马路不闯红灯算不算?

在学校里不讲粗话是不是有道德?

上周我借了水笔和橡皮给小乔,这算不算?

哦,还有还有,两岁的妹妹昨天没有随地"嘘嘘",而是去了洗手间,这也算的,对吧?

……

说实在的,那一刻,我竟被问住了。

小虎所说的,多么微不足道,都是生活中的小事,简直不值一提。这也算是道德吗?我们成人世界所理解的道德种种,多么慷慨,多么激昂,多么凌空虚蹈,又是多么的艰难而缥缈。道德题旨之高深,简直是件高不可攀的人品标尺了。但是,扶助弱小,不吐痰,讲秩序……它们是吗?

道德,《现代汉语词典》里的解释是,社会意识形态之一,是人们共同生活及其行为的准则和规范。

照这个理解,它们算的。

但是,我到底该如何向小虎介绍道德是什么呢?作文不是罗列现象,也不是照葫芦画瓢,最后,总要有个结论或者概括的,那么,对于这个要命的"社会意识形态之一",难不成我再去翻阅《辞海》?没用的,不定又扯出一个什么要命的拗口"形态",那时候,可真就是陷入最深的尴尬里了。

小虎的书桌上放着一本《论语》,他们学校可是以国学教育出名呢。我灵机一动。

《论语》里面,有很多关于君子与小人的说法,且从这里入手。

小虎已经能熟练诵出《论语》里的不少句子,什么"君子喻于义,小人喻于利",什么"君子怀德,小人怀土;君子怀刑,小人怀惠"之类。我问他是否真正理解其中的意思。小虎说,大概是懂得的,便滔滔不绝地讲开了:

"意思是说,君子注重道德仁义,而小人只关心自己的利益;君子时常心怀道德法制,小人却只看到眼前的小恩小惠……"

那"君子上达,小人下达"、"君子泰而不骄,小人骄而不泰"呢?我问。

噢,从"上""下"两个字能猜出来的嘛。君子眼睛朝上看,自然看得高,看得远,小人却喜欢朝下看,当然看不远,容易一叶障目。君子思维开阔,开通明达,因此凡事都能坦然而不傲慢,而小人却只注重眼前利益,因此时常无礼傲慢。这句话与"君子坦荡荡,小人常戚戚"应该是一样的道理。

我正为小虎的理解力感到惊异,他又跟着滔滔不绝来了几句:"君子成人之美,不成人之恶。小人反是。说明君子宽容慈善,因此喜欢促成他人好事……"

背完了《论语》,而后我再问小虎什么是道德。小虎作恍然状,说我明白了,德分两种,一种是美德,一种是恶德,有美德的人叫君子,从恶的人叫小人。

我心里一阵安慰。我告诉他,每一个人的能力也都有大小之分,不以恶小而为之,是道德;不以善小而不为,更是道德。

小虎也欣然道:那我一开始举的那些例子就是符合道德的喽!

现在回想起来,那真是一次艰难的闲聊。

一则难在一个思维难免拘泥、观念难免僵化的成人要和一位简单质朴的小学生来对话道德;二则难在当下的道德之说,很容易流于空谈,从而成为大话以及戏说。

诚如小虎常问的一句话:现在是好人多还是坏人多?

这,也正是我们的疑问和困惑。

好人坏人的标准,我相信已经有了一个更为宽泛的当代尺度,比如,一个人不坏,就尽可以归为好人之列了。如果他愿意偶尔捐捐善款,就好到足够成为电视报纸的新闻人物了。

之所以要在这本书里记录下这场与小虎关于道德的"闲聊",是因为,在当代的社会环境里,这实在是一次难得的奢侈对谈。成人之间,是绝不会有类似的主题闲聊的。成人世界里,最为盛行的是人际应酬,是虚与委蛇,是言不由衷,而不是可以照见一个人灵魂深度的道德聊天。倘若你不识时务与人大谈道德与否,就一定落得没人愿意跟你"应酬"的下场。

道德,似乎已沦为当代人避之唯恐不及的敏感话题。它最形而上,也最形而下。它最空洞,也最现实。它最虚幻,也最真实。它最虚弱,可也最有力。

道德是有起始两头的,一头是历史,一头是现实;一头在社会,一头在学校。小学的德育,堪可称为社会整体道德水平的一个起点和端口,它的起点、水平的高低,直接会对线的另一端发生作用。因此,学校并非两耳不闻窗外事的简单围城,它与社会,是共生共鸣共振的关系。而社会道德滑坡的例子每天都有,报纸的负面新闻缕缕不绝,昨日还在媒体公众面前侃侃而谈的官员、老总,今日便可能沦为阶下囚。

新闻记者都喜欢捕捉追踪事件性新闻,但一个事件太多的社会,是令人不安的,也是不幸的,它使我们的生活失去了某种稳衡的东西,变得动荡不定。戏剧性过强,就不是生活了。众生也都被这巨大湍急的涡流胁裹着,身不由己地扮演起了群众演员或冷漠看客。

到底是线的哪一端出了问题?

而我们又该如何跟自己的孩子谈道德?这真的是一个难题。

从"萨科奇被长高"说起

萨科奇被"长高"了!

冲着这条新闻,一定要颁给媒体最具新意"发明奖"!

因为,它的确不能说是媒体发布的新闻,而是他们"发明"的又一则颇具娱乐色彩的新闻。

其实,关于萨科奇的身高,一直是国际传媒界津津乐道的话题,类似的新闻也从来没断过。自从当上法国总统,萨科奇便似乎陷在了一种永久性的困境里:无论他如何忧心忡忡地思考、决断国家大事,人们却总是饶有兴味地把视线放在他的脚下——看看他在演讲台后面的双脚是否又站在了一张木凳上。1.65米的身高,简直成了萨科奇永远的痛。

不过,这次"萨科奇被长高"的真实原因,却并非源于他的那张增高木凳。木凳有形,且容易被新闻记者的镜头残酷"曝光"。他的无所不能的助手们,这次使用的新招是爱因斯坦的"相对论"——

总统要在诺曼底地区的一家汽车技术厂发表电视讲话,为营造完美的电视画面,助手们绞尽脑汁,特意从该厂1 400名员工里遴选出20名矮个子,他们的身高自然不能超过总统先生。而有这样一群人站在总统身后作为映衬,萨科奇自然一下"被长高了"。

这则新闻里的"被"字,令人捧腹,也耐人回味。

这里的"被"与"囧"、"雷"等一样,都已成网络文化的一部分,它们构成了一股另类的汉文字潮流,在网上人间暗流汹涌。而"被"作为网络文化的真实含义又是什么呢?

倘若你出席了某个你本不愿意参加的会议,那么你就是"被参加"了某会!

你无奈参加某次应酬,那你就是"被应酬"了一回。

而倘若被女友逼婚,那么,不幸的你也就意味着自己这下要"被婚了"。

农民工索薪无门,只有悲壮上演一桩"被跳楼"的惨剧。

水价电价油价要涨,有关部门要进行民意听证,但真正能代表民意的席次,却往往只聊作点缀和象征,因此,在种种垄断面前,我们常常是"被代表"的。

幸福指数是常被媒体和政府一些部门用来说事的一个符码,最令城市居民摸不着头脑的,莫过于在房价飞涨、油价攀升、马路拥堵的今天百姓大众"被幸福"的频次。

还有,中小学义务教育年限的拉长,与教育成本的激烈上扬成反比,我们的孩子也由此成为"被义务教育"的一群。

……

"被"字的语态在这里并没有发生改变,但它经由网络传播之后,突然有些"浑不吝",它的内里,充满了辛辣的讽刺与无奈的调侃。你要是不幸"被……"了一

下,那么就意味着,你正在过一种心有苦衷或言不由衷的生活。

小孩子不会表达,要不然他们会第一个跳起来反抗:

我不想被"小升初"!

我不想被全面发展!

我不想被上学!

我不想被读书!

……

现代社会,似乎人人都在过着"被……"的生活。而小学生,因为缺乏自主能力,几乎人人都经受着"被……"的痛苦。

毕淑敏有篇文章,叫《亲自写作》。乍一看时,扑哧笑了。

什么话,难道写作也变成了"被写作"?

是哦,她说:"人其实除了吃饭喝水这些非常生物的本能,是经常不亲自的。"而由网络开始风靡蔓延的"被……",也正是对"不亲自"种种的佐证吧。它并非只是主语和宾语的简单置换,"被"文化实则是对无奈现实的讽刺性表达。

对于自己的学习生涯,娃们往往只有"被计划"的份儿。小小年纪,就要被赶着催着学舞蹈,被哄着劝着学画画,被逼着骂着上奥数。当然,家长给孩子选择这样一条现成的"正途"自有其无奈之处,但我们或许更该反思,"正途"的风景只有一种,而种种"弯路"里,却往往隐藏着更多样更美好的可能性。每个孩子都是一个不同的个体,为何不能尽可能由着他们的性情,把自己的人生之路走得更为"复杂",哪怕是"芜杂"些?

芜杂,并不是真的杂乱无章,那是一种有底线的杂乱。少年鲁迅的百草园,就因为芜杂,往往不能一眼洞穿,也不能尽收眼底,却总有一种源源不断的发现和欣喜,以至成年之后,他仍对那片园子念念不忘。孩子们的世界,应该也是这种百草园式的吧!过于规整,就构成了清浅的限制,没有了悬念,也就少了兴味。

杰克逊整容背后的暴力真相

2009年7月2日,媒体普遍转载了一则新闻:《2002年所立遗嘱曝光:杰克逊整容是为和父亲撇清干系》。报载,美国流行乐巨星迈克尔·杰克逊一生十多次面部整容手术,都源自他童年时期所遭受的父亲乔的毒打、虐待。在成年、成名后,为了摆脱掉父亲的影子,他对自己的脸部包括鼻子、下颚、嘴唇和面颊都进行了彻底"改造",显示了他誓与父亲决裂、也与童年记忆决裂的决心。杰克逊终于如愿,在相貌上,杰克逊再无丝毫与父亲乔的相像之处。但他这种对身体发肤的持续"改造",也最终为他的健康埋下了严重后患。

他还是没能逃出命运的玩笑。

如果杰克逊有一位深爱他的父亲,如果杰克逊童年没有遭受过他父亲的鞭子和皮带,他便不会有后来的一系列怪异行为,更不会在50岁的年龄抱憾辞世。

2010年三四月间,只相隔没几天,便先后传来学童被父母失手致死的新闻。据说,其中的一桩惨案,其缘起竟是因为孩子没有及时对上李白"床前明月光"的下一句!

　　李白如果早知道,也必会断然阉割掉所谓的诗情,还孩子一片童年的清静吧!李白斗酒诗百篇,他留给后世学子的,首先当是他洒脱不羁的才情,而非人性的拘泥死板。但急于求成的父母们,却把李白挥舞成了一根沉实可怕的教鞭,强行驱赶着孩子们负重前行。

　　年初的这两条新闻,又多么像是炸响在半空中的一声霹雳,抽打着我们这些做家长的:清醒些吧,你们这些自以为是的家伙,别再以学习为借口,奴役孩子的童心!

　　家长暴力的表现有许多种,而在所有这些行为当中,冷暴力给孩子造成的伤害恐怕是最大的,也最为持久。

　　冷暴力有一种比暴力更可怕的力量,就像一粒有着可怕能量的种子,它的萌发、破土,能长久地啃噬孩子幼小的心灵,使他陷入到一片绝望的黑暗之中。严重的,还会影响孩子一生的性格、与他人的交往能力以及成人后的家庭关系。

　　可悲的是,这种冷暴力事件几乎触目可及。打开

百度搜索,你会发现许多关于家庭暴力的词条。但是,大部分词条只是针对夫妻间的家庭暴力。而关于家庭教育,关于父母对自己孩子所亲手施与的家庭暴力行为,却少有关注问津者。或许这是因为,成人有更加完善的表达能力,有更清晰的痛感,但孩子不是,他们是失语的群体。

爱与关怀,是使孩子避免伤害的最好药剂。法国前总统戴高乐的女儿安娜是一个不幸的孩子——戴高乐夫人在临分娩前遭受车祸,服用了大量药物治疗伤病,结果使小安娜一出生就成了弱智。但她又是最为幸运的孩子,因为戴高乐发誓要让小安娜获得真正的幸福。他说,即使放弃所有的地位和金钱,也在所不惜。安娜最后在人世间只活了20年,但这短短的20年,安娜却无时无刻不生活在幸福之中。戴高乐夫妇用20年无微不至的爱意向我们做出了表率。

爱是一束温暖的阳光,可以驱走孩子内心的一切不快和阴冷,让他们度过一个快乐、清澈、宁静、澄明、温暖的童年时光。

愿天下妈妈温慈。

别烦我！我是"狗都xián"！

"太阳出来，天，亮了。"

这是韩红的一首歌，就叫《天亮了》。她唱的是一个风儿缠绵的秋天故事，悲情，却有着人性温暖的基调。天亮了，黑暗过去，一切都会好。

而几乎所有的小升初妈妈们，每天最盼望的时刻也是——天亮了。

因为天亮上了班，反倒是能够忙里偷点闲空，得一个从容、平淡的心情。而下班回家，却像是立马投入了一场战斗，督促孩子换衣、洗澡、学习、弹琴、吃饭、锻炼……而其中的每一个环节，我几乎都是卡着秒表来计算的。否则，任何一个环节出了故障，都会引发连锁反应，直接影响到他的睡眠时间。

小虎小学之初，我就跟他谈判，说不许把我变成一个唠叨的妈妈，什么事情，我只叮嘱一遍。这是因为，我整个学生时代就是在唠叨声中长大的。我并不是个性叛逆的人，但隐忍的结果却是，到了高中阶段，我只要一听到家人的声音，哪怕不是在跟我说话，我都要逆

反地捂上耳朵。我甚至曾试过用棉被、枕头把门缝窗缝堵住,不让任何声音流淌进我的屋子。考入大学后的第一个中秋节,宿舍里的所有女生都哭哭啼啼,在电话里说想家想妈妈。我却觉得她们不可思议,认为她们过于矫情和无聊——

好不容易才逃出了家的樊笼,难道还想再次被装进去,一切受人监管?

现在,轮到我来做妈妈了,也才知道妈妈当年的不易。但我可不想让小虎将来也对我写下这样的一笔。所以我唠唠叨叨向他宣布:

"我不想唠叨!不许逼我唠叨!"

可小学六年,足以改变一切。

一餐晚饭,譬如为让小虎吃口青菜这样简单的事,我能够话不带喘地催上几十遍。最糟糕的是,最后他愣是没把那根青菜吃到肚子里。我唠叨的结果,是他越来越充满个性的叛逆。有次,他为了表示对我唠叨的反感,把筷子一丢,跑进了书房。半分钟之后,只见他把一张A4纸用别针别在右肩上,哗啦哗啦地,重新晃进了餐厅。

他故意架起了右胳臂,示威似的支给我们看。大伙上前仔细一瞧,纸上竟写着:

"别烦我!我是'狗都 xián'!"

原来,他听腻了别人说他正是狗都嫌的年纪,这也不听话,那也不听话,干脆主动承认,只求别再唠叨他了。那时,"嫌"字他还不会写,便索性用拼音代替。

一家人顿时笑翻了天……

我却笑不起来。

那一刻,我察觉到了他内心的痛苦,暗下决心,从此真的不再唠叨他了。

六年级,作业一下多了起来,幸亏我们提前一年对小虎进行了书写态度和速度的训练,所以他作业算是完成快的,且因为书写端正,得星也多,语文屡屡被老师许可免做作业。但即便是这样,他每晚仍要到十点半以后才能爬上床去。

看着他躺下来,尚不能算是我最后的"解脱",因为他每晚还有一个幽默故事要听。

故事于他,简直就像是瓜儿离不开秧,鱼儿离不开水,只有听完了故事,小虎的一天才算是真正完满的

"闭幕"。

看着他心满意足,偏着脑袋香甜睡去,我的心情这才略略松弛。但此时我却还不能真正地松口气,还有许多事情要扫尾。放眼望去,只见满屋子的狼藉,窗前、地板、桌面、床底、洗手间,到处都是他的玩具、书本、零食……好不容易把这些东西各归原位之后,多半已经将近12点了。

一夜无梦。

早晨5点40,手机闹铃再次准时响起。

噢,天,亮了!

 **老爸老妈**

孩子是父母的影子,我们低头注视我们的孩子,其实就是回头看我们自己:我们是否已经长大,我们又该如何为人父母……父母二人是一杆天平秤的两头,两者不可或缺,任何一种缺失,都是无法弥补的失衡。

怜子如何？不丈夫！

如果说母亲对孩子来说就像一个可以终生依赖的温暖胸怀,那父亲是什么?

也许,是一个坚强、可靠的肩膀。

鲁迅一生给人冷峻、弩张的斗士形象。但从他那张利刃一般的口中,也吟出过最为温情的诗篇。1931年的某个冬日,鲁迅特意作《答客诮》一首:

"无情未必真豪杰,怜子如何不丈夫?

知否兴风狂啸者,回眸时看小於菟。"

许多人都知道他的"怜子如何不丈夫"句,但我以为最动人的描述,却是后面"兴风狂啸者"的天性所为:一只能在丛林中呼风唤雨稳坐霸主的森林之王,在受到万物的朝拜和拥戴时,却不忘时时回头,眷顾看护着自家那只可爱贪玩的小老虎。

但历史上为我们记载下的父爱人伦,实在并不多见。有人曾写过一本厚厚的书,呼吁重新"发现母亲"。他认为女性应该重回家庭。他倒不是在歧视女性,而是认为男人、女人在家庭、社会分工上应当充分利用天然的某种生理或心理的优势。他的主旨是没错的,但教育绝非仅只母亲的唯一角色与重任。哪怕世界上所有的女性,都重新从各种社会职务中返回到家庭,恐怕,还是解决不了所有的问题。

事实上,"教"与"育"是两个概念,二者不能也不应混为一谈。

"子不教,父之过。"古人用这最为精粹的三字句式,早已经为我们定位了父亲角色的重要性。但无论

历史还是现实,父爱,依旧是缺失最为严重的一门功课。

不能忘记,鲁迅的这一诗作,是建立在"客诮"的前提之下的。父爱的真情流露,是要被别人讥讽的:一个大男人,怎么能如此婆婆妈妈,英雄气短?!

怜子如何? 不丈夫!

这才是当时与时下最为流行的一种社会心理。

在这一心理的作用下,大多数男人逐渐演变成越来越纯粹的社会动物,而对于如何做一名父亲,他们是不屑于为此费口舌做功课的。

杜拉斯曾有过一句犀利点评:

"男人可以建筑房屋,但不能创造家庭。从根本上

看,男人对孩子是无所作为的。"

更糟糕的是,当她看到自己的一位男友,为家庭不辞辛苦甚至忍辱负重的时候,她竟然也本能地产生了"一种轻微的厌恶的反应"!

你只能说,男人对于家庭和孩子的淡漠,已成为世界范围内的一种共有默契和集体无意识,它深深地影响着我们思考判断的传统和准则。

所幸,总还有几个例外。

李敖在狱中,曾为十岁的女儿李文写过80封信,他不以环境为苦,抑或者是为了要在这苦中作乐,他的每一封信都与眼前的铁窗有意保持了尊贵的距离,他的文笔格外风趣幽默,中英文间杂,历史文化无所不包,比之龙应台写给儿子安德烈的书信,其拳拳之意,阔阔胸襟,更有甚焉。因为他不说教,不诉苦,只讲好玩的故事,只说好玩的话,很有一位父亲当有的非凡气度。

李敖在《坐牢家爸爸给女儿的八十封信》的序里,说到了这本书的缘起:印度的尼赫鲁,后者在做政治犯的时候,也为独生女儿,也就是后来的甘地夫人,写过

一本简明的世界史。而他自己写给女儿的信也被整理出版,成为珍稀的家教样板。

大陆最为有名的,莫过于傅雷写给儿子傅聪的书信集。那些文字如锦缎般柔软温暖,他不仅仅是写给孩子的,更是给天下父母的一份示范——

"亲爱的孩子,你走后第二天,就想写信,怕你烦,也就罢了。可是没有一天不想着你,每天清晨六七点就醒了,翻来覆去地睡不着,也说不出为了什么。真的,你那次在家一个半月,是我们一生最愉快的时期,这幸福不知应当向谁感谢。我高兴的是我多了一个朋友,儿子变了朋友,世界上有什么事可以和这种幸福相比的?尽管将来你我之间离多聚少,但我精神上至少是温暖的、不孤独的。"

孩童,常常以其纯净无邪照见人类的无知与脆弱。傅雷、龙应台、李敖、尼赫鲁……如果不是这些写给儿女的教育书札,有谁会把他们的名字串联在一起?他们个个在各自的领域声名显赫,但在这些书信里展现的,却是一颗同样平凡而动人的慈父母心。

古人还说过:可怜天下父母心!因为格外怜惜幼

小的生命,也因此格外丰盈了自己的内心。在意大利经典影片《美丽人生》里,罗伯托·贝尼尼(Roberto Benigni)身兼导演、编剧和主演三职,他用喜剧形式为我们演绎了一个真实的悲情故事:犹太人圭多和幼小的儿子被抓进了集中营,圭多为了保护儿子,便哄骗他,他们是在和许多人玩一场游戏,而遵守游戏规则的人

将能获得一辆真正的坦克!影片最后有这样一幅画面:圭多被纳粹用枪押着,在藏着儿子的小铁柜前夸张滑稽地大步走过。他是想用这种方式告诉儿子:别怕,孩子,这一切只不过是一场好玩的游戏!但事实上,那不是游戏!一声沉闷的枪响,令所有人绝望心碎。圭多,这位历经磨难的伟大父亲,熬到了黎明到来的前夜,但最终还是没能逃脱纳粹的枪口。天明,美军坦克拯救了犹太人集中营,圭多的儿子得救了,并被抱上了一辆真正的坦克。那是父亲用生命为儿子换来的童话世界!电影也因此被评价为"拥有温暖的质感"。

怜子,如何不丈夫?!

"只有小孩是绝对的!"

这句话,是台湾漫画家朱德庸在成为父亲之后的一次顿悟。

他的原话刊登在《南方周末》上,他说:"这个世界不是绝对的,只有小孩是绝对的。"

而说出这样一句话的朱德庸,曾经非常讨厌孩子,

甚至在自己的儿子出生后,他苦恼地在墙角蹲藏了三天。但随着孩子的成长,他不但接受而且还不可收拾地爱上了孩子。他由此开始了一次幸福的父亲之旅,并收获了他的另一本漫画集《绝对小孩》。

或许,一个人只有在真正进入人父人母的角色之后,才能真的拥有深刻和幸福。

"只有小孩是绝对的。"

到底,该怎么理解这句话?

朱德庸有一个形象的譬喻,他说斑马就是斑马,如果你硬要它不吃草,去学狮子捕捉猎物,那它长大以后会不会疯掉?

其实,道理是同样的,你强要一头狮子扮作喜羊羊去乖乖低头吃草,那也是不现实的。

"绝对"是什么?它应该是一种天性使然的东西,是一种生命本能,是上天对你个人的那个独一无二的喻示。可是,许多父母都抢着扮演起了上帝,使他们的孩子依顺成人世界的世俗标准,扮演起了别人。结果自然是指鹿为马,画虎为犬。不然你怎么解释,世界上为何平白多了那么多离奇疯狂的事儿?朱德庸痛心于

他在童年所遭遇的一个市侩现实："人都不重视小孩，不重视自己的童年，我觉得这是非常非常严重的事情。"

现在的现实却是相反的：人们不是不重视小孩，而是过于重视和过度开发。这表面看与朱德庸批评的现象背道而驰，实际却又在忽略了孩子童年和违背儿童天性方面殊途同归。这，不同样也是一件"非常非常严重的事情"？不消说，那些急于揠苗助长的家长也是值得同情的，因为他们也是制度和环境下的产物。但我们又该庆幸，总有一些特立独行的家长为我们提供了另一种良心的选择，以及另一种教育的思路。

于是朱德庸故作偏激地说，只有小孩子才是绝对的。

朱德庸自己，也正好可以拿来做一个现成的例子：

他说，他属于那种平庸无为的孩子，既没有出众的长相，更没有傲人的成绩——用他自己的话说，成绩简直差到了白痴的地步。可就是这样一个在平凡与忽略中长大的孩子，长大后却以一支画笔圆满了自己的世界。以此，朱德庸深信一点，每一个孩子都是带着不同

的天赋来到这人世间的,但在成长过程中,大人一定不要来好心误导,扮演绝对的上帝角色,因为,任何单一的价值观,只会迫使孩子最后放弃自己的梦想,也放弃了只属于他自己的快乐源泉。

朱德庸说,自己之所以要画《绝对小孩》,其实是追求自己童年与儿子童年的一次相遇。

相遇!这个词多么好。这是一种令人心灵震颤的相遇。这种相遇,或许是天下父亲需要修为的最美妙的一门功课。因为,血浓于水,一旦相遇就永不会分开。还因为,这种相遇,不仅有助于孩子的成长和完善,做父亲的,也将由此功德圆满。

"她满6岁了呀!"

漫画家蔡志忠,在对女儿的教育上以"放纵"出了名。

六岁的女儿第一天上小学,他们夫妻两个送她进了教室,而后问她:"知道怎么回家了吗?"女儿说知道。放学后,他和太太竟真的没有一个人去接。面对质疑,

蔡志忠的回答理直气壮:"她满6岁了呀!"

可是,在我们的视线里,几乎不可能看到一个6岁的小孩在单独行走。他们要么舒适地坐在父母的车里,享受恒温的空气;要么乖乖坐在妈妈的自行车后座,美美地吃着点心。他们根本不用担心会不会迷路。6岁,正是心安理得享受父母呵护的一个年纪。

在我们的生活中,想要实现一个6岁孩子的独立行走,可能需要多种不可能的条件:

首先,你得先闯过信任别人这一关。你得相信在马路上横冲直撞的渣土车司机能够及时刹住脚下四只(抑或八只?)狂奔呼啸的巨大车轮;你得相信喜欢野性角逐的摩托车手们拥有能安全绕过孩子的过人车技;你还得相信,那些装扮成阿姨、叔叔的骗子,在他们的内心深处,还残存着一丝丝的善良与悔悟……

做到这些以后,那么,你还得相信你自己的孩子。相信他不会因为贪玩而迷路走失;相信他有能力躲过风雨安全回家;相信他能完全识别马路变幻的信号灯;相信他能听明白陌生人居心叵测的赞美与谎言……

最后,你还要相信你自己。相信你想到上述一切

的时候不会坐卧不宁,相信你有把孩子拱手交给马路与社会的那份坦然与定力。

蔡志忠的选择,是在一个已然失去了互相信任的环境里,却依旧选择去信任。无怪乎这样的父母要被视为怪物和异类了,因为,他们对孩子竟是如此的"不负责任"!

但当我们看到报道说他的女儿在14岁独自完成了一趟日本旅游时,我又真的吃惊不小,且开始反思,我们是否错误地理解了"责任"的内涵。

蔡志忠的放纵教育,或许是一种新闻噱头,他实则为一种放手教育。从女儿上学第一天,他们就选择了放手。包括女儿的婚姻,他们的态度都是放任的。这么大的人生事,女儿只是在电话里告知了一声。电话这头的老爸此时却连女儿的结婚对象姓甚名谁都不知晓!

他是相信女儿的,也因此相信她的选择。

可是,如果没有下文的话,我还是宁可相信他们只是一对没心没肺的父母:

蔡志忠说,在女儿小的时候,他每年都像温习功课

一样向女儿宣告同样一句话：

"你是我的女儿，我是你的爸爸。即使你犯了错误，也不要怕我知道。因为全世界有60多亿人，最可以帮助你的人就是我。"

他是要告诉女儿，我们对你，是有责任的。这种责任感，和任何父母无异，那是一种无时无刻的牵肠挂肚。

但蔡志忠的责任，又绝不等于包办和包揽。责任只表现为一种信任——对孩子独立思考和选择能力的信任。也就是说，蔡志忠也相信"绝对小孩"这样一个观念。他相信孩子自己会做出最适宜自己的选择。既如此，我还替她操心干嘛？

这样的放纵式教育，也许最接近天然与天性，但每个孩子的材质、性情各不相同，真正能做到如许洒脱的，又能有几位父母呢？

信任，其实源自父母的自得与强大。在我们的教育里，选择信任，是如此的不合时宜，但它又是一种如此可贵的品质，对我们的精神和社会都有着更为长远的滋养。至少，他为我们提供了一种美妙的愿景吧！

看了这样的父母经,你不得不轻叹一声:是不是画漫画的,都长着一根和别人不同的思维神经?

本街最好的裁缝

有一个故事,说在伦敦的一条商业街上,共有三家裁缝铺。在激烈的竞争中,他们都想先声夺人,为自己的店铺设计一条广告,藉以招徕更多的顾客。

第一位裁缝为自己设计的广告语是:"伦敦最好的裁缝!"

第二位裁缝不甘其后,隆重打出了更大的广告标牌,上面写着:"英国最好的裁缝!"

第三位裁缝动手最晚,但他并不气馁,想了想后,便在一块不大不小的横幅上写道:

"本街最好的裁缝!"

这个故事乍一看,是很容易让人误读的,以为第三个裁缝作为晚辈后生,态度不免谦卑,似乎胸无大志,只甘于做一条商业街上的"最好"。其余二位就不同了,不管他们真实的水平如何,最起码,他们立志高远,要么是整座城市的"最好";要么放眼全国,要做整个英伦三岛的NO.1。在气度与格局上,三人都有明显的不同。

我把故事当作一次阅读理解训练,讲给了小虎听。小虎说,噢,第三个裁缝最谦虚呢。我顿了一下,反问他:他是真的谦虚吗?

这一个故事里,其实藏有一个小小的玄机:第三个裁缝貌似质朴憨厚,而其实呢,他的广告却巧妙地得以借势,即所谓借力打力,悄然晋升为三者之中的"最好"。

故事暗藏着一个逻辑学上的三段论:

三家店铺同处一条街上;

前面两位,一个是"伦敦最好",一个是"英国最好";

第三位是"本街最好",也即他比"伦敦最好"和"英国最好"都还要好,那么,他也就成了真正的最好。

就像一个人为了吹嘘证明他多么有钱,便报出一个庞大惊人的数字。而另外一位却不动声色,说"哎呀呀,我只比你多一百美元!""本街最好"和"只多一百美

元"是一样的,都是手法更为老到的后发制人,他们以退为进,反其道而行,结果,对手的高明,都只能用来证明后者的更为高明。小孩子写作文,有欲扬先抑之法,看来老套了,现代流行的,是欲扬先扬。

第三个小裁缝这么做,至少有两个好处,一是在风头和气势上并没有冒犯前两个店铺的主人,另一方面他还因此避免了前两位因为广告口气过大而可能引起的顾客质疑。

诚可谓一举多得。

这个故事对我们做母亲的,也不无启发。

几乎所有的母亲,都有望子成龙的期冀,希望自己的孩子未来能在某领域木秀于林,而几乎所有的妈妈,也都喜欢问自家孩子同一个问题:

"宝贝,将来你想做什么呀?"

"我,嗯……我想……我想开火车!"

"什么?!开火车?你是说要去做什么火车司机吗?你,你怎么这么没志气!我天天起早摸黑给你做饭洗衣送你上学吃肯德基,你竟然要去做一个脏兮兮没出息的火车司机,你,你,你……真是气死我了!"

做父亲的,这时多半会出来打打圆场:

"孩儿他妈,你跟小孩子治什么气呀。我们宝贝的意思是说,将来呀,他要去管整个一列火车,要做火车上的列车长,是不是呀宝贝?"

宝贝却早已被妈妈的激烈态度吓懵了,尽管他心里最期待的,还是成为一名火车司机,但此时也只有顺着爸爸的话使劲点头的份儿啦。

这是我几年前在小虎学校无意中听来的一段家庭对话。

许多时候,家长对孩子的言语反应过激,也过于较真。孩子的未来因为未知,这也更加重了家长的一份焦灼。他们似乎急于知道,自家的孩子将来能走多远,他是不是人群里最优秀最出色的那一位。同样是在火车上工作,他们便宁愿认定自家的孩子不会成为满面尘灰的火车司机,而一定是一位整洁威严的列车长;如果他做了老师,也最好是大学教授,而不是小学校园里声音嘶哑日夜操劳的"孩子王"……

这实在是一种赌徒心理吧。

台湾的三毛曾经向她的家人宣告,自己将来要做

一个拾荒者,也就是拾垃圾的人。我一直都记得,她后来在撒哈拉大沙漠的温馨小窝里,有一只用捡来的汽车废旧轮胎做成的舒适坐垫,逢有客人来,都抢着坐。三毛一直有一种独特的审美,相对于世俗的惯性而言,那也是一种极为任性的审美。而在我们身边,倘有孩子也这么固执己见,说出流浪、拾荒之类的愿望来,他的小腿恐怕早已经被望子成龙的家长们打折了。三毛的幸运,在于她坚持了自己的流浪梦想,而一直活在生命的随性与诗意里。她文章的风靡,也恰恰在于,她所做的一桩桩一件件,都是大家原本想做,而不敢的。

童言无忌。做家长的,其实只需要为他的每一种正当的坚持起身鼓掌便可以了。对于小虎,我一定不要他向所有人夸耀成为"本国最好"或"本市最好",他甚至也不需要成为"本街最好"。因为,他在我心里,早已经是"最好"的那一个。

爱他，就"忘"了他

和一位刚刚成为父亲的朋友聊天，本以为他会对襁褓中的孩子爱意泛滥，没想到他的态度极为理智、断然：我们现在的问题，不是对孩子关注不够，而是过度关注了。你看，街上的每一个孩子，都像不像是一辆严重超载的汽车？！步子沉重、表情痛苦……

确乎如此吧，来自爸爸妈妈爷爷奶奶外公外婆七姑八姨的关注，宛如一束舞台上的强聚焦——过度的期盼，过度的爱意，都是能够压垮一个孩子的。

曾经在一次对作家毕淑敏的访谈中，听她说过一个真实的故事。她在北京开设了一家心理诊所，故事的主角，便是诊所里的一位儿童患者：

孩子出生在一个文化氛围很浓的家庭。外公外婆是文学翻译，一个从事俄文，一个谙熟德文，而爸爸妈妈也属于高知，英文法文皆流利自如。应当说，这样一个家庭，对孩子的早教是足够充分的，比如对于同一件事情，外公外婆爸爸妈妈会轮番上阵，分别告诉他这个单词的四国读音。孩子聪慧伶俐，很快就掌握裕如。

孩子的成绩是骄人的,家里来了客人,孩子便每次都会被要求当众表演四国语言,客人惊喜的叫声,使孩子的表演渐成家人待客的保留节目。但早教似乎很快超越了极限,孩子开始有了某种本能的抗拒,尤其家中不能有客人来。只要听到门铃声,孩子便控制不住要往墙上撞脑袋。

毕淑敏说,家人把孩子送到诊所去的时候,小家伙才只有四岁,是她心理诊所年龄最小的患者。

不知道那个可怜的孩子现在如何了,但我想,最好的治疗,或许就是"忘记"!一个健康的孩子,需要被大人不时地"忘记"。爱,并不是须臾不离的关注与呵护,忘记,有时是更好的关爱!因为你暂时的"忘记",他便获得了一个自由的空间,可以自由支配自己的一段时间,可以任由心情放飞。

国外有的家庭,会特意在自家小花园的树上给孩子搭一个木结构的小屋子,看上去就像一只被放大了的鸟笼,有门有窗,刚好能容纳一个孩子。木屋的功能并不是用来惩罚或恐吓犯了错误的小孩子。相反,那是他的乐土,在木屋子里,一切由他说了算!

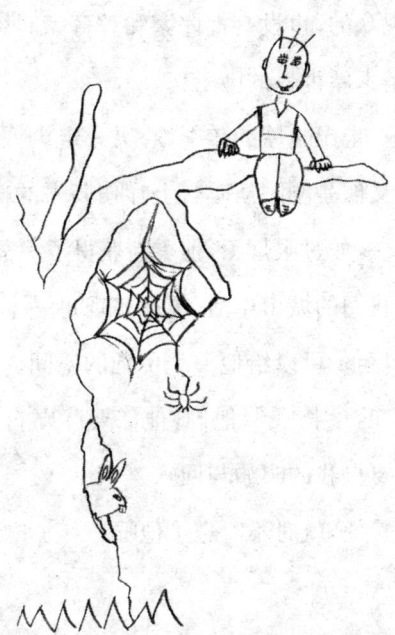

木屋给我们这样一个启示:对于孩子来说,他也会有烦恼想要忘记,有悲伤可以倾诉,有小秘密可以隐藏。那么,他尽可以去自己的小木屋,那里是他一个人的王国。在那里他可以喃喃自语,流泪哭泣,撒野打滚,微笑出神,等等。都行!他舐血舔伤,发泄愤懑,也积蓄力量。最重要的是,他不会因此担心自己的兴风作浪会招来指责和斥骂。他在小木屋里所做的一切,

都是没有观众的,也没有批评家和教育家时刻的指摘。他自己就是木屋世界的国王!

我相信,走出木屋的孩子,心灵一定更像是风暴过后的平原,又像是刚刚从旷野上疗伤归来的狮兽,内心的撕斗挣扎一如过眼烟云,他重新获得了幸福与宁静。

自然,我们的城市生活,很难实现每一个孩子的木屋梦想。但至少可以给他一个单独的空间。我们不能总是把嚼烂的食物喂给他们,他需要磨砺自己的牙齿和心灵,需要自我的咀嚼与回味。

因此,爱他,就时不时忘了他吧。

当 mm 成为 MM

mm,是网络热词,是人们对年轻美丽的女性或者干脆说是对所有年轻女性的通称。

我们对它还有一个美妙的汉字转译:"美眉"。"美眉"之谓,虽则含蓄蕴藉,闺阁气十足,却无疑深得了中国写意诗词的精妙。"妆罢低声问夫婿,画眉深浅入时无?"唐朝诗人朱庆馀写给张水部张籍的诗,便巧借了

新嫁娘妆后的莫名担心,来形容对自己文章是否"入时"的忐忑。对心情的这种比喻描画可谓生动入骨,眉毛之浅淡,关系到一个初嫁女子为公婆奉茶时的第一印象,也干系着婚姻能否由此美满的宏旨,因此,谁又能说她只是在做一种小女儿态的无谓娇嗔?又或者,所有的 mm 都有这种微妙的犹疑和曼妙的揣测吧。

MM,是我从龙应台的一本书里得来的灵感。她的儿子安德烈,那个混血的英俊少年,一直书面称呼他的母亲为 MM。这是他对"妈妈"二字的英文缩写,也是对妈妈的一种符号化图解。面对几乎是一夜间长大的儿子,对于一个远在台湾忙碌不堪的母亲来说,那种惊讶与震动,是自不待言的,她开始对自己母亲角色的失职进行反省。她最终放弃了马英九要她再做一届文化局长的请求,重归学者、作家和母亲的简单角色。她对当时的选择是这样解释的:"很怕赢得了全世界,却失去了自己的孩子。"

因为龙应台从欧洲去往台北的时候,安德烈才十四岁,"脸上有婴儿肥"。而龙应台辞任文化局长的重要原因之一便是,她发现十八岁的安德烈不再让她拥

抱,"而且你要是出现在他和他的朋友当中,会让他觉得很丢脸"。于是她决意用一种通信的方式,与儿子来作一次深切的沟通,来重新走近儿子——这位熟悉的陌生人!这便是《亲爱的安德烈》一书的由来。她说这本书是自己的"受伤笔记",展现的,亦是她的挫折经历。

龙应台当然不是 mm,她的公众形象也仿佛从来与美眉给人的曼妙娇弱无关,她从不含蓄蕴藉,也决不温文尔雅,她的广为人知,恰恰缘于她的刚性、理性甚至不乏男性化的文字与文化观念。她是一个急性子——看她的照片,你甚至想,哎呀,她竟然来不及把蓬松的头发收收拢便急匆匆出门了——对于官场腐败,社会历史的批判,她向来是快人快语,酣畅淋漓的,正如一首歌里所唱的——"该出手时就出手",毫不客气,毫不留情。对于现代社会丛生的文化心象,社会乱象,龙应台是不屑于也不能够"蕴藉"的。她似乎为一种天然的使命感所驱使,她的《中国人你为什么不生气》,她的怒目金刚式的《野火集》,她的《请用文明来说服我》,等等。我们从那样的文字里,看到的是一个文

化旅者的深刻与犀利,完全没有了性别的印记。

而这样的一个女子,在她一旦意识到自己 MM 角色的缺失之后,竟然肯放弃她独有的尖锐,放弃了她所有的外部世界,她变得深情款款,细腻丰厚,极具耐心,她的字里行间,甚至明显带上了所有 MM 们的通病:唠叨、敏感、多疑,以及——哈哈,说教!

但并不是说,她因此自我消解了以往的那种文化个性和批评力量。相反的,她其实是"因爱得福"了。她在与儿子的交流中,不期然发现了另外一个立场,拥有了另外一种批评的视角。因为是面对一个刚刚长大的孩子,因为是要回答这样一个孩子对世界的全部疑问,所以她有着母亲特有的委婉与柔情,她把自己所擅长的批评只是杂糅其间,偶露峥嵘,而她对安德烈即将置身其中的那个成人社会的解读,也随之更为深切、厚重。

写作,是需要"由头"的。龙应台以往的写作往往以大事为起点,以要闻为由头,那样的写作是大写作。而安德烈,却给了龙应台更加细微的体贴与感受,这种由头,也注定了它的小而微。这样的写作与她以往的

写作是不同的。他们的书信文章大都兴之所至,无所不谈,写作也就成了"小"写作,是灵光一闪的勤奋记录。这种笔法因为饱蘸着母爱,又不失其固有的思想性,因而使她获得了更为广泛的读者。对于 MM 角色的自然回归,使我们看到了一个情绪更为饱满,思绪更为细腻的龙应台。她的丰柔、牵挂甚至一些不必要的疑虑,都使她前所未有地细致、丰盈、立体起来。

如果不是安德烈,我们便看不到这样的一个龙应台。

所以,我们真的应该感谢每一个我们的孩子。

是他们,使我们成为了现在的我们。

如果说 mm 是我家有女初长成,那么,MM 之所以是大写的 mm,是因为她在与儿女的共生相伴过程中,自身也才得以真正的成长,成熟。

在 mm 成为 MM 之前,她可能是柔弱胆怯的,任性挑剔的,甚至是待人刻薄的。因为她心里只刚刚装得下她自己,她对爱的理解也多少是有些狭隘的,封闭的,对爱的抒发,也显得单薄、苍白。她喜欢月下弄影,独上西楼,拍遍阑干,她甚至不能承受一滴雨的重量。

但一双孩子的澄澈眼神,却有春风化雨的力量,足以让内心冷漠的女人温润如水,如沐春风;让势单力薄的脆弱女子有如虎之添翼,力大无穷,她变得像大地一般,能够承载起无尽的孤寂与苦痛,她能用一根细线为孩子连缀成整个一片世界……这是因为,她已经从女人,晋级成了妈妈!

有一位男性作家曾经面有得色地说过:女人,你的名字叫弱者!这句话的局限在于,他没有看到当 mm 成长为 MM 的那一刻。他没有发现当女性蜕变为母性时所具有的连大地都为之战栗的动人力量。

母亲,妈妈,娘亲……无论你怎么称呼永远站在你背后的那位女性,对于母爱的讴歌,都已然连缀成一个世界性的文学母题。在几乎所有的作家笔下,母亲都有着惊人的类似:她一定为幼年的孩子全力尽职地充当了护翼,在贫穷困顿中竭尽所能地为孩子置办一顿可口的晚餐,为全家想方设法遮起一块避风挡雨之地,她们无一例外地温善、宽厚、坚韧、能干。

这就是 MM 的全部意义。

意外,和意外的收获

那天,我去车库取车,或许是手里拿的东西太多,无意中丢失了戒指。这仿佛是一个喻示,因为那天另外的坏消息接踵而至,一天的心情便可想而知了。傍晚回到家里,卸除了面部的伪装,无助和凄凉一下涌到了心头,我勉强在家人面前控制着自己的情绪,爬到楼上的卧室里,想一个人静一会儿。坐在昏暗的房间里,看窗外的一切,一如此刻的心情,漫天漫地的灰。而自己像是一只被茧壳牢牢缚住的蚕,浑身一丝挣扎的气力都没有了,眼前只有天长日久的黯淡。"呼"一列火车过去了,火车的车厢里已经亮起了灯,载着不知谁的乡愁,招惹得我,也一下流出伤感的泪来。

从我进门起,小虎大概就觉出了我情绪的异常,他悄悄上了楼。他一定在门外站了好一会,忽然的,就跑进来扑到我怀里,号啕着大哭。我被吓了一跳。

他是被我吓住了。他也许从来没想到,妈妈竟然也会哭的!妈妈,在孩子们的眼里,是这样一种人:她能干、坚强、快乐,会随时给调皮的孩子一个嗔怪、纵容

的微笑,有时候则是一个温暖的拥抱,即使心里有什么不痛快,她也绝不会在孩子面前显示出来。因此,此时妈妈的眼泪,在他眼里,或许与天塌下来这等可怕的灾难也差不太多了。

我暗自责怪自己,连忙擦干了眼泪,说:"傻孩子,妈妈只是心情不好……你知道的,早晨妈妈丢了东西,就像……对了,就像上次你丢了变形金刚一样,你也难过了好几天对不对……其实,等你长大了,你就知道,每个人都会有这样的时候,没什么的,妈妈一个人呆一会就不难过了。你看,妈妈现在已经不难过了。"我有些难为情,勉强向他绽放了一个微笑。

小虎这才抬起脸来,声音哽咽道:"原来你是……你是因为丢了东西呀……别难过妈妈,明天我给你买一个新戒指,比原来的还好,还大!"他用手比划着,那口气就跟那次他丢了玩具后我劝慰他的一模一样。我终于忍不住,扑哧笑了。憋屈了一天的坏心情,经这么一释放,也已烟散。我叮嘱他说:"这可是我们俩的小秘密哦,千万别告诉其他人!"小虎答应了。

但后来我才知道,他还是下楼去悄悄告诉了外婆。

在他的小小心眼儿里,哪里存得住这么天大的"秘密"呢?外婆听了并没有多说什么,只是嘱咐小虎,妈妈最近工作太累,压力太多,咱们小虎平时可要学会照顾妈妈哟!

果然,他从此变得乖巧许多,购物或是上学放学的路上,都跟我抢着拎东西。

因为小虎那天表现出的"有难同当",令我感动至今。

家长在孩子眼中,是一面可以依靠的坚实墙壁,但这墙壁也在经受着无尽的风雨,总有斑驳、疲乏,甚至是轰然倒塌的时刻。在我偶尔露出的脆弱面前,我没想到小虎表现得那么像一个小大人。为了这样一个懂事的孩子,恐怕所有的妈妈都会变得更加坚强了吧!

这次意外,使我拥有了一个意外的收获。

孩子,是这样一种奇特的动物吧:他在荒原上撒欢儿奔腾,看似漫不经心,其实他一直构成某种参照和坐标,他信赖的眼神能时刻矫正着我们的方向,使我们不自觉地成长和坚强。成长,是一个相互的话题,有了孩子之后,你会发现,你和孩子其实是在共同长大。

小虎这次给我的拥抱,使我想到在他小时候的又一次意外。那件事已成为我个人成长的一个起点,因为,从那天起,我才有了一种脱胎换骨的转变。

那天,我带他去裁缝店,取我新做的旗袍。旗袍店里那对裁缝夫妻的孩子也在。他看上去异常调皮多动,在狭小的店铺里穿梭不停。店里的女主人不时喝斥着他。就在我试穿衣服的当儿,小虎一下被他碰倒在一根衣架上,衣架的底座是厚重的铁盘,小虎的脑袋磕在了上面,当即流血不止。小虎大哭,我连忙抱起他,快速察看了一下额角的伤口。伤口看上去不大,但似乎很深很深,血流得太多,蜿蜒着淌下来,慢慢模糊了他的额头、鼻尖和下巴。这是我从来没有经历过的场面,我自己先被吓住了。我举着小虎的双手开始颤抖不止,我控制不住地惊叫起来。我那时并没有来得及注意到,小虎的眼睛一直在死死地盯着我的眼睛,我的每一次叫声都立即引发他更大的惊恐和哭泣。

幸好,那天我妈也在。她以一名医生的冷静,制止了我的失态之举。她说:"快去医院,前面20米就是一家军区医院!"

我这才清醒过来,连忙举着小虎狂奔出门,在大路上拦截了一辆出租车,20米不到的距离,我却不住地催促司机师傅:"快!快!请你再快一点!"我连钱都没付就飞快下了车,进医院没有挂号,直奔二楼外科。

值班医生命我按住惊恐挣扎的小虎,说这样他才好处理伤口。

医生简单诊断后告诉我:"伤口比较深,要马上缝针!一定要按好他,不要让他动!"

"啊?缝,缝针……"这时的我,已经被鲜血和伤口吓得失去了理智,我的双手颤栗不止,脑子里不住地想着一个最坏的念头。我几乎要崩溃了,一个劲地问医生:"他会不会有事?他会不会有事?"

我妈随后赶来,看到我六神无主浑身虚弱的样子,便把我轻轻推开了,责怪道:"看你,会把孩子吓着的!快到门口去坐一会。这边我来!"

我好容易把双脚挪到了门外,窝在走廊的角落里,远远地听我妈在外科诊室柔声安抚着小虎,要他乖,要他听医生的话。我还隐隐听到她要医生拿一个药盒给小虎,说让他手里攥着,可以转移他的注意力。在手术床上挣扎哭泣的小虎渐渐平静下来。医生给他在额头上缝了三针,并打了破伤风针。一切处理停当过后,小虎额头贴着纱布,被外婆抱出了诊室。长长的走廊上,他急急地四处找着,在他眼神终于搜索到我的一刹那,竟忘记了疼痛,笑嘻嘻冲我远远伸出了胳臂。我扑上去,紧紧抱住他,像拥住一件失而复得的宝贝。

小虎两次给我的拥抱,教会了我做一个坚强的母亲。

两个妈妈,两种尴尬

法国小女孩蒂皮,质朴自然,一如非洲草原上一棵普通的小树,她在非洲土地上奔跑跳跃、自由成长的画面,一直在我心中萦绕。她那只脏兮兮的鼻头,被阳光晒出眼角皱折的一双晶蓝眼睛,浓密金黄的一头乱发,一切的一切,都让我欢喜不已。蒂皮骑在鸵鸟背上,鸵鸟则展开羽毛,紧紧呵护着这个小小人儿,人与动物之间,是如此的谐和美满。一阵风吹来了,鸵鸟的羽毛散乱张开,蒂皮的一头密发也随风舞动,此情此景,总使

我想到"风的女儿"这样一个诗意称谓。我一次又一次把小蒂皮推荐给身边的朋友,我给她们说的是:

"瞧瞧,别人是怎么做妈妈的!"

我从这样一个无忧无虑的孩子身上,看到的,正是在她背后的那个妈妈。小蒂皮的一身纯粹自然阳光,和她头顶披着的那丛几近野性的头发,使我看到了一个妈妈的独特爱意和胆识教育。

蒂皮出生在非洲的纳米比亚,她的父母是野生动

物摄影家,这注定她从自己出生的那一刻起,便天然地与自然纽结在一起:她喜欢让大象阿布给她喷水淋浴,她喜欢骑在足够宽阔的鸵鸟背上在草原飞奔,她还愿意让小狮子穆法萨吮着自己的手指午睡……蒂皮与非洲土地的关系是浑然的、天成的,相比之下,蒂皮的爸爸对自然之爱却更多地来自后天的触动和理性。这位阿兰·德格雷先生说他永远记得一位美洲印第安酋长的话:"让人成为动物吧!"

让人成为动物吧!

这是智者天籁般的语言吧。我相信这句话在任何一位读者心里都会产生长久的震动。

那一年,因为工作的关系,新华书店邀请我去做一个重要的采访,说小蒂皮将和她的妈妈到南京来发布她们的摄影集。我听了,一点都没犹豫,当即决定把小虎也带去,让他亲眼见一见这位了不起的蒂皮姐姐。

儿子是彻头彻尾的"城市分子",只偶尔在乡下踩过大片的松软土地,但他除了小区邻居豢养的宠物,几乎从未见过动物园以外的其他动物。一路上,我和儿

子翻着这本令我激动、神往的摄影集:《我的野生动物朋友》。书被我们翻得已经有点破旧了,而我们娘俩一路上说的话题,也全是蒂皮和蒂皮的勇敢。

但是,儿子和所有生活在城市里的孩子一样,当看到长相粗陋或体形庞大的动物时,他的第一反应都是:"妈妈,它会咬我吗?"我这当妈的自然给不出一个确切的答案。

咬,或者不咬——那都是有可能发生的。

毕竟,他与它,写法上的不同,注定了这是两种生物,也有着各自的生存观。

而我更无法向他说明的是:人与动物之间的关系,并不只是"咬"和"被咬"的关系。也许,有别的可能性,比如,做个朋友什么的,就像小蒂皮和她的大象阿布之间阳光清风般的友谊。为了有意锻铸儿子有个广阔的小男子汉胸襟,我很想当面向蒂皮的妈妈请教一个问题:如何让孩子和人类以外的生物做朋友? 她与它们相处时,你不怕吗?

蒂皮的妈妈,正是想象中的法国女人,美丽、优雅。小蒂皮也已经长大了,她不再是书里那个不谙世事,光着屁股到处奔跑的风之女儿,她长成了一个12岁的小姑娘,懂得了害羞,也学会了一些凡俗世界的礼节。她慵懒害羞地依偎在妈妈身边,对记者提出的每一个问题,她都要妈妈替她代答。那娇弱、腼腆的模样,又实在不像一个12岁的孩子。

我在想,城市里同龄的孩子此时都在做些什么呢?他们写书,他们考级,他们登台演出,他们老练早熟,他们闯荡"江湖",知道什么牌子的口红最眩,知道什么样的装扮最酷,对最囧的网络语言了如指掌,每天都要交流一下昨晚打CS的最新战果……蒂皮显然对这些都一无所知,她拥有的,只是对非洲草原的辽远记忆。在她的蓝眼睛里,我读出了她对童年再也无法重返的迷惑,是对城市校园生活无法融入的倦怠与遗憾。她在法国巴黎的时尚同学中间,对于现代都市生活常识的匮乏,可能更要算是一个异数了。她的妈妈告诉我:"蒂皮更喜欢和动物打交道,她在学校里很难交到好朋友。"她无奈,也有些失落。

那一刻,我突然不想提问了。

因为蒂皮的妈妈实际上给不出我什么答案,她也正身处另一种困惑与尴尬之中。

小虎与蒂皮

只不过,她的困惑是如何让孩子学会和同类打交道,而我的困惑恰好相反,是人与自然如何成为朋友。而且,蒂皮妈妈的这种困惑也被随之而来的种种表象给冲淡了,最初他们夫妇无意中拍出的那些照片,已经

在媒体和各种力量的打造下,使蒂皮几乎成了一个来自非洲草原的别样"动物标本",她作为"环保小天使",接下来要周游列国,要拍纪录片,要为照片谈版权……要说的话很多,要见的人很多,要走的路也很远,她们几乎来不及思考。我在想,即使当小蒂皮再回到非洲土地上,再和她喜欢的布须曼人一起在火塘边载歌载舞,但她还是原来的那个小蒂皮吗?

如果我的感觉没有错的话,蒂皮已经很累很累了。那不是一个妈妈愿意看到的。

我有点释然了,忽然觉着,眼前小虎的这种懵懂和快乐也挺好。长大了,选择和谁做朋友,那本来是他们自己的事,不是吗?

有孩子的妈妈像个宝

对于从手指缝里流逝的时间,我们常常是麻木的,但回过头来看一样事,把它作为一个时间的坐标,你会惊异于时间像是一头仓皇逃窜的怪兽,长了无数双腿似的,只管飞奔远去了,你想去追回些什么,那也只是

一种痴心妄想罢了。

那天,猛然想起,梅艳芳已经逝去好几年了。

梅艳芳这个名字,不止一次地令我黯然——

一个女人,倘若最后没能修成一个孩子的妈妈,那该是人生多么巨大的憾事!

我曾经还为这个别样美丽的女人写过一篇文章的,叫做《偶像梅艳芳和梅艳芳的偶像》。取这个题目,是我当时试图来看清现实与理想夹层之间的人性挣扎。那时的梅艳芳病重,但这朵浓妆遮盖下的"女人花"还没有完全凋谢。她还在最后努力地支撑着。她用十分明星的方式召开了一个记者见面会,宣布病情后,她说她会坚强面对。相信背地里,她也是这样,最多,也是对那只跟随了十几年的猫咪弱声倾诉:飞飞,我不开心啊。

在接受凤凰卫视许戈辉的采访时,我听到梅艳芳一再地说:"我的外形跟我的内心是两回事,我的内心其实是很传统的女人,我希望我的爱情是一生一世的。"

她提到了她 20 多岁时的偶像——我想,那一定是

指生活中的偶像——山口百惠,她曾经希望自己能够像山口百惠一样,急流勇退,相夫教子。

梅艳芳和山口百惠,是做女人的两种极致吧。

女人一生,无非两种选择——

梅艳芳,或者山口百惠。

生活在舞台上;又或者,从舞台上走下来,生活。

结局却又是殊途同归,到底都难以圆满。

做到了山口百惠又怎样呢,她不还是在自己的中年困顿时期,为了生计又不断传出复出的消息?在陌生的舞台和陌生的眼光里,山口复出,所遭的冷遇和难堪,又岂是正当红的明星所能承受的?她已经错过了。

许戈辉在那么沧桑华丽的一个女人面前轻飘飘地问:女人最好的归属还是要找一个好男人吧。梅艳芳神色黯然道:过了。

是不是演艺圈让一个女人的爱情变得很难?梅回答得直爽:"对,因为没人相信你。演技太好的话,他们说你演技好。就是说你装扮得很好。跟你在一起的时候,他也会怀疑你在做戏还是真实生活,因为太好了嘛。"

其实,一直生活在舞台上也没什么不好吧。就像那个程蝶衣,在角色里找到了自己,就不复返回人间;或者就做一个舞台的纯粹看客吧,高兴了,也喊上一嗓子。悲剧又怎样,喜剧又怎样,都是一幕剧。人生的不满意,多数还是完美心理造成的吧。过分追求完美,那或许才是人类的一大绝症,最是无药可救。

写下"偶像"那篇文章的时候,我当时正在做一个非常好看的娱乐周刊,只可惜,现在,它与她都不在很久了。

我的母亲是一位资深的妇产科专家。在她退休后,我们帮她粗略计算了一下,在她的职业生涯里,竟一共接生过一万多个孩子,且无一事故。有的甚至母子两代都是她亲手接生的。每次回老家,走在县城的大街上,她总是立刻被许多人认出,并热情地拉住她的手,说你看你看当年你给我们接生的小家伙现在都这么大了……我至今难忘她看到梅艳芳死讯后叹息着给我说过的一句话:

"真是个傻孩子啊。其实,她完全可以不死的,在病情发现之后,只要把子宫摘除就可以了。"

是的,后来累牍的报道也证实了我母亲的最初判断:她可以不死的。但是梅坚持要保留住自己的子宫。那一定也是为了保住她作为女人的最后期待和幻想:有那么一天,她还可以做一个母亲,拥有自己的宝贝?!

为给自己保留一个完全的女人身体,留一个生子育女的梦想,她不惜去死。

如果生命的代价是做一个不完美、不完整的女人,如果生命得以延续的前提,是看不到、听不到一个属于自己的孩子的声貌,那么,不要这躯壳也罢了。这是梅艳芳的生命逻辑,也是许多女人的逻辑。在这一点上,女人几乎有一种不约而同的决绝。

女人花摇曳在红尘中

女人花随风轻轻摆动

缘分不停留

像春风来又走

女人如花

花似梦

走在路上,你常会被路边小店飘来的低迴歌声击中。梅艳芳走了,但她留下的歌声依然能把人击打得

无言以对。

或许,有一首儿歌应该反过来唱吧:

"有孩子的妈妈像个宝!"

那些因为种种的原因,与自己命中的孩子擦肩而过的女人,多么像是一株无助无果的花草。美丽,却终也孤独、惆怅。

但愿,尘世间所有的女人都花开有果。

教育法则

所谓"法则",也就是规则之谓。所有的小孩子都已经懂得"红灯停绿灯行"的道理,而"教育法则",也就是让孩子必须懂得成为一名社会人的规则,识别停与行的界限,比如,如何面对欲望、诱惑、惯性、失败种种。这对孩子很重要,对我们亦是。

缘何迎面不识驴

——关于知识与常识

有这么一个笑话:

文革时期,一位教授被下放到农村,接受贫下中农再教育。一天,老教授发现驴在偷吃麦子,但教授既不认识驴,也不认得驴子埋首大啖的是麦苗,可他知道这

件事"后果很严重",搞不好,是有人在故意搞破坏,挖社会主义墙角!教授越想越觉得这事很严重,连忙向四周扯着嗓子大叫道:"不——不好啦,快来人啊!动——动物……吃植物啦!"

这应该是后人对那段荒唐岁月的荒诞演绎。

从1968年开始,在中国大地上开办了十年之久的"五七干校",是当时改造知识分子的地方。在"一业为主、兼学别样"的号召下,党政机关、高等院校里的大批干部、教师、专家、文艺工作者等知识分子纷纷离开城市,到农村或城郊从事农副业生产,努力在劳作中清除腐朽的资产阶级思想。在日复一日的枯燥劳动中,脑力劳动者的体力劳动意识都普遍得以加强。在上述故事里,一头从磨坊里跑出来偷吃的驴,让教授在朴实的老农面前露出了无知的马脚。后来,据说有人也闹出过把麦苗当韭菜的笑话,但终归已经比"动物吃植物"之说上了一个台阶。

在当年的下放队伍中,教授无论如何要算是"高知"了,也即知识渊博者的代名词,否则,教授何以教、授,又何来传道授业解惑的资格?因此,教授迎面不识

驴,似乎不应是有知、无知的问题,而是知识与常识之别。

教授对常识的无知,似乎愈加证明了当年知识分子走出楼阁下放乡野的必要性。

常识,通常被解释为一般的知识、普通的知识,那么,知识与常识原本一家。但正如庄子所谓:"筌者所以在鱼,得鱼而忘筌;蹄者所以在兔,得兔而忘蹄;言者所以在意,得意而忘言。"知识赋予了人较为高级的表达能力之后,人们往往却欲辨已忘言了,反而忘记了自己想要表达的真义。知识渊博的人尤擅长语意的模糊含蓄,却也因此丢失了坦率与真诚。知识与常识,就是在这里分道扬镳了:

知识,日趋精细、系统。

常识却粗犷、散漫。

知识说:高山仰止,景行行止!

常识却说:使你停步的,不是前面的那座高山,而是你鞋里的一粒沙子。

知识老人说:梅花香自苦寒来!

常识小子却说:人生苦短,当及时行乐!

知识严正地说：真理向前跨上一步，便是谬误！

常识却摇摇头，笑呵呵地说：哎呀呀，难得糊涂！

某种程度上，知识已成专业的代名词，欲穷究学科真理之精深透彻，但偏偏造化弄人，教授之迎面不识驴，反而证明了一点：愈精深愈难以晓畅通透。

常识却只是一种"知道"，它不计较，不沉溺，因而处处风景。

这是一个知识爆炸的时代，却也是一个常识匮乏的时代。

只注重象牙塔里的知识堆集，对世间万物的亲身感知便会变得隔膜疏离，这是知识界普遍清高虚妄的原因。清与浊相对，高与低悖反，合起来之后的"清高"二字，已离开基层人间久矣。家里老人时常叹息的一点是，在大城市，人都生活在半空中，长年不接地气，怎能不变得心浮气躁？老天没给人长出一双翅膀，便注定要我们踏踏实实踩在泥土之上。而常识，便是在泥土上绽开的花朵。

更何况，所谓知识界，也是精芜并存，伪知识者们所从事的，大多只是知识的贩运与转卖。我们的社会，

因此少了真情实意者,少了常识丰盈者,少了铁肩能担道义者。

白岩松是央视颇有个性的一位主持人,他说自己节目的理念是"捍卫常识,建设理性,寻找信仰"。在他看来,常识之重要,竟到了需要"捍卫"的地步!

南宋大诗人陆游也说:"纸上得来终觉浅,绝知此事要躬行。"知识与常识之别,便在于你如何辩证地看待此中的"深"与"浅"。纸上之所以浅,是因为坐享前人智慧,一切都过于现成,而失去了切身的感受,是一种"隔山观虎","隔靴搔痒"。而常识性的获得,却因为事事讲求"躬行",感受自然深刻。

人的命运,有时也恰是知识与常识彼此消长的结果。

如果陆游只有"六十年间万首诗"的成就,就绝不会有后人今天对他的这般崇敬。陆游不是只在阁楼里吟风弄月的虚弱文人,他一生坚持抗金,仕途坎坷。流离的军事战斗生活成就了他气吞残房的气势和胸襟,他的诗歌作品也因此变得丰厚磅礴,文学史说他"沉郁悲壮",其中的典范之作,则莫过于陆游晚年那首至为

情深意切的《示儿》：

"死去元知万事空，但悲不见九州同。王师北定中原日，家祭无忘告乃翁。"

一位这样的文化老人和抗金战士，在他满头白霜，风烛摇曳的残年，在他生命的最后一刻，却仍对命运多舛的家国命运无法释怀，就是死了，也还是要翘首盼望王师北定中原的好消息。这种情怀，决不是一般文人意义的小情小调，而是寄托着大情大意，大悲大喜。因此，陆游诗歌的魅力，绝非来自知识的层累，而是源自他的真性情，源自他对民间疾苦的深切感知。他是以人之常情，深深拨动了无数后人的情弦。

凡事相信，凡事盼望

> 凡事包容，凡事相信，
> 凡事盼望，凡事忍耐。
> 爱是永不止息。
>
> ——《圣经》之"爱的真谛"

凡事相信,凡事盼望,本是爱人们之间互许终身的誓言,但诗句饱含的深意,却又那么适宜所有的家庭关系。互许终身,是爱人们为了表达这样一种心愿:亲爱的,我愿意执子之手与子偕老,和你一起搭建一个温暖的巢,理想的家。但这样一个处所的最终完满,却需要不断的包容、相信、盼望和忍耐。包容的重要性自不待言,忍耐也是如此。在孩子教育过程中,"相信"与"盼望"更为重要。

我曾经想写一篇散文,题目都已经拟好了,就叫:相信,是一种幸福。当时,是因为看到新华社记者拍摄的一张照片:

2009年7月的一天,在印度一座名为西里古里的城市以东地区,有一处村庄的村民们为两只青蛙举办了庄重的婚礼仪式。据报道,为青蛙举行婚礼,出自于当地一种久远的习俗,是祈求上苍风调雨顺、五谷丰登的意思。

如果在一百甚至几十年前,这种事情的发生都是不难想象的,因为,那时候还没有互联网,也还普遍缺乏科学的影响力。但新闻发生在今天,就有些荒诞不

经了。你会不由自主地疑问:怎么可能? 他们怎么还会相信……

事实上,这条新闻久久打动我的,正是因为,他们依旧是愿意"相信"的一群人。

相信与科学无关,它旨在心灵。

我相信,愿意相信的人,一定是懂得幸福之道的人。

照片上皮肤黢黑的这群孩子,他们眼睛瞪得大大的,看那对奇异的"新郎"与"新娘"如何在人类的主持之下完成它们的结婚典礼。可以想见,假如村民们果真如愿得到了好天气好年景,他们相信,那一定是他们的祈求打动了上苍。但假如不幸的,青蛙的婚配并未为村庄带来期望中的风调雨顺,那么,他们则会相信,一定是他们的诚意还不够,他们还会以另外更为虔诚的方式继续向上苍祈祷……因为,他们相信祈祷的力量,他们盼望奇迹的出现。

凡事相信,凡事盼望,对我们的孩子,我们或许更应该具备这种宗教般的执著。你要相信他(她)的选择,无论看上去那是一个多么荒诞离奇的念头;你还得

学会凡事盼望,以一种乐观达观的心态看待孩子的成长。

相信与盼望,在孩子的成长过程中是一种必要的前提,唯其如此,才能做到真正的包容和忍耐。相信与盼望的,或许是孩子生命里的某种奇迹,但设若这种奇迹并未出现,那么,也没什么吧,你一定要记得,那必是因为我们的诚意还不够……

记得魔术师刘谦曾披露了自己的一段成长史:小的时候,他不爱学习,只着迷于魔术。刘妈妈担忧地问他,孩子,玩魔术将来能让你吃饱饭么?它算不算是一种工作?刘谦作出了肯定的回答。但那个时候,还没有今天这样的借鉴,让你知道,魔术未来也可以成为事业,也能成就耀眼的明星,但刘妈妈还是选择了相信。我相信,她现在一定是幸福的,为自己当年的那个选择。

家有儿女,做父母的,就把圣经当作世上最美的诗句,读一读吧——

Love bears all things,

believes all things,

hopes all things,

endures all things.

Love never ends.

反对实实在在的家长作风

手机每天都能准时收到教育局为家长们开通的"一线通"短信,其中一个名为"教子有方"的栏目,不时向家长传递一些教育观念。某日,忽收到一条信息,上面写到:

必须坚决反对实实在在的家长作风,改变学习是孩子唯一出路的观念。

这句话至今令我深味不已。短信内容思路之新异奇特,相信,也足令所有家长出一身汗了。实实在在,本属于褒义词吧。说一个人实在,是在夸奖他的品格;说一个人办事实实在在,是褒扬他的处世风格。它至少不是贬义词。但这条信息却把我这个家长实实在在吓了一跳。

如何理解"实实在在的家长作风"?何以要"坚决

反对"?

而且,怎么,要"改变学习是孩子唯一出路的观念"?

这 30 个字,我读了整整三个月。短信的总体意思,当然不难明白,它应该是在批评家长们在教育过程中所表现出的功利心、攀比心,以及选择路径的盲目性、狭隘性。不可否认,受到最大多数家长尊崇的现行教育模式,实则是一种精英教育模式,以为让孩子跻身一流名校,才能算是修到了教育的正果。

但所谓正果,也实实在在存在着另一种方式和标准的。

前不久,一位朋友从美国访学归来,他一再提到了美国的一位下水道工人。他说,他们认识是在一次中国古代哲学思想的讲座上。主讲人来自中国的一所大学,他们本就熟识,便特意赶去,听了那个讲座。这类讲座的最后,往往都安排一道提问的环节,由听众向主讲人提出问题,以便双方有针对性地展开一些互动和探讨。那天,一位衣帽整洁身形高大的美国中年男子举手发问:"中国的孔子与老子,请问,他们的思想到底有哪些不同?"

问题很普通,但这个问题的不普通之处在于他之前的一个自我介绍。他神态极为坦然道:"我是一名下水道工人,但我对你们中国的古代哲学很感兴趣,希望能得到指教。"

朋友回忆说,那人说这话时,丝毫没有任何职业身份上的心理障碍,他也丝毫不觉得,在他的职业和他的兴趣爱好之间存在着多么巨大的鸿沟。而我的朋友说他之所以特意注意到了那位美国人的神态,是因为,中国的传统文化更讲究物以类聚,人以群分,在国内这类学术性质的讲座上,在座和提问的,只有相关学科的学生。学问之与一般百姓的生活,既然不相干,也就敬而远之了。那位美国工人的提问令他深思,哲学,且是中国古代哲学,和一名下水道工人,简直是风马牛不相及,但那天,一切竟都那么自然,无人对此表示侧目和非议。

那天,一位来自中国的哲学教授与这位美国的下水道工人侃侃而谈,他们的一问一答,几乎占用了提问环节的所有时间。但没有人为此不耐烦,也没有人责怪一个下水道工人实在不该对中国的古代哲学思想感兴趣。相反,大家都听得兴味盎然。教授在解答完毕之后,那位中年美国男子站起来向他道谢。教授却说,不,该道谢的是我,你使我得到了在大学课堂上完全得不到的感受。我的朋友是这一幕的旁观者,他的感慨也是另样的。

他说:一个人,原来可以这样宁静充实地活着。

那位美国的下水道工人,相对于我们"实实在在"的功利心而言,自然显得有些离谱。在我们的一般逻辑思维中,中国古代哲学思想并不能为他带来任何工资奖金和职称待遇的好处。

这件事,并不足以说明美国文化和中国文化的不同,也许,甚至可以肯定地说,在美国,像那位中年男子一样的人也并不是大多数。这个例子,只是一种个体对个体的启发吧:人,既要物质地活着,也要精神性地活着。物质环境约束和决定了一个人职业和生活的范围,但对于精神世界的追求和探索,却能天然地消弭和突破物质世界限定的那条无形边界,更可以使人获得无拘无束的自由和快乐。

现代家庭教育日益表现为对学校教育功能的越

俎代庖,他们每日纠结于课内课外作业的段落背诵、题目解答,以及让孩子在各类竞赛中去争强好胜这类技能技巧的训练,却放弃了对孩子人生态度与生活智慧的启蒙;只让孩子抬头看山,训诫他们要具有高山一般的气魄与信念,却教他们有意忽略了流水的平淡与从容。

忽然想起老子的"知其雄,守其雌,为天下溪"来,那实在是一种以守为攻、虚实相映的人生艺术吧。雌与雄对应,而与"野马之心"相对应的,便是"雌伏之道"了。一个人,他知道高山的雄伟壮丽,却能收服自己的"野马之心",去宁静从容地安守流水一般的谦下平淡生活。老子的雌雄之说,也便成了对于眼前世界的俯仰之道,取舍之道。而由此来说,我们的教育,确确实实过于"雄"性和实在了,几乎所有的课本和教化都在刻意宣扬对于世界的野马之心和强者之姿,但岁月悠悠,真正能为历史刻画留痕的,却往往是缓缓流淌的小溪。

由此来看,在现实教育的过程中,我们不妨来点虚实结合。有时候,甚至可以少务点"实",多务点"虚"。

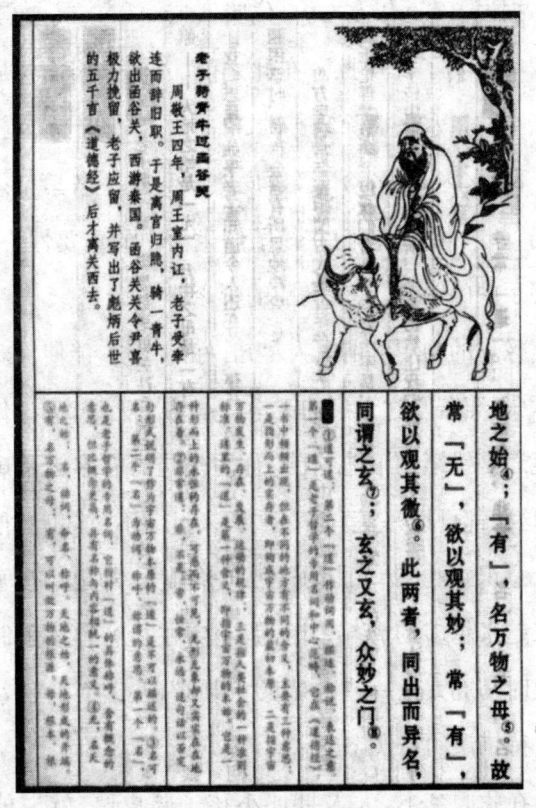

老子骑青牛过函谷关

周敬王四年,周王室内讧,老子受牵连而辞旧职。于是离官归隐,骑一青牛,欲出函谷关,西游秦国。函谷关关令尹喜极力挽留,老子应留,并写出了彪炳后世的五千言《道德经》后才离关西去。

①道可道:第二个"道"作动词用。第二个"道"是老子哲学的专用名词和中心范畴,官名《道德经》。②名可名:第一个"名"是名词,指事物的形态;第二个"名"作动词用,是称谓的意思。③无名……有名:无形与有形,无名与有名,可用来指称宇宙的原始状况和万物的生灭变化。④天地之始:指天地形成以前的状况,是宇宙的原始及"道"的第一种性质。⑤万物之母:是宇宙万物产生的本原,是"道"的第二种性质。"始"与"母"用来指称"道"的两种不同性质。⑥妙:奥妙、微妙。⑦徼(jiào):边际、端倪。⑧玄:深远,玄妙。⑨众妙之门:一切变化的总门。老子哲学中的一个重要思想:天地万物的根源,是"道"。它们都是"道"的具体体现。这是老子朴素唯物主义一元论的观点根本。

地之始④;「有」,名万物之母⑤。故常「无」,欲以观其妙⑥;常「有」,欲以观其徼⑦。此两者,同出而异名,同谓之玄⑧;玄之又玄,众妙之门⑨。

别让橡皮成了"帮凶"

据说,1770年左右,一位叫 Edward Naime 的英国工程师发明了橡皮擦。在此之前,人们是用面包屑和拇指上的口水来擦除笔迹的。

两百多年后的今天,橡皮擦已和每一名学童须臾不离,朝夕相伴,它们在孩子们生活中的重要性,一如厨师手中的锅铲,医生胸前的听诊器了。

橡皮的功用可谓人人尽知,好的橡皮,能使涂鸦后的纸张,宛若雁过无痕的天空一般洁净无暇,无论你是钢笔还是铅笔的痕迹,无论你曾经错得有多么荒唐离谱,这些都可以一笔勾销,重新来过。不过,我们很少有人意识到,橡皮功能的这种日益强大,却也给孩子们带来越来越多的弊端。因为,它实在是纵容孩子们在作业时马虎大意一错再错的"帮凶",并继而助长着他们对待错误的错误态度。

在我们乡下,大人批评小孩子脸皮厚,就说他是"橡皮脸"。由此来看,一个孩子使用橡皮的频次,不仅意味着他的作业态度,也直接影响到他今后的人生走向。在孩子的成长过程中,橡皮已不仅仅是一块橡皮,它还蕴藏着孩子们的"橡皮哲学"。

小虎与好友豆子,二人可谓两小无嫌猜,从小就在一起玩。但男孩子见面,总难免磕磕绊绊,尤其是对方有段时间喜欢上了奥特曼,动辄"变身"、"变形",虽纯属小孩子间的嬉闹戏耍,但有些肢体动作过大,难免令小虎有些身心受伤。毕竟是小孩子,兄弟之间没有隔夜仇,对方会在分手后立即打电话过来,真诚地向小虎表示道歉。小虎接受道歉,于是二人重归于好。但再次见面时,一切却又如旧。我发现,有段时间,这样的回合明显过多,电话道歉只是电话道歉,却没有催生一点现实的改变——他照旧喜欢动手动脚。因为他知道,反正有电话的方式可以弥补过失。不就是道个歉么?就像是作业写错了,拿橡皮一擦,就可以了。

我意识到了问题之后,便和豆子的妈妈事先作了沟通,决定要小虎这次不再接受他的道歉,除非他真的下决心改变自己的行为方式。小虎依计行事,在电话里明确拒绝了好友的道歉。小家伙果然吃惊不小,他第一次发现,道歉并不能改变自己犯了过错的事实,他

的行为也并不能像擦橡皮一样一笔勾销。小虎的这次拒绝,使豆子的思维发生了一次停顿和转变。果然,在下次双方见面时,他开始收敛和控制自己的行为。现在,两兄弟早已和好如初。

橡皮的功用,相当于我们民间传说的"后悔药"。它意味着你有了失误,没关系,反正有橡皮呢,你随时可以反悔。这使从小用惯了橡皮的人,难免会产生一种误解,以为世上所有的失误,无论大小,事事、时时都是可以补救的,所谓亡羊补牢未为晚也。而时间一长,便会对自己的小错小误不以为然,由此推及,乃至犯了大错大误也就浑然不觉了。

如今的商家,在橡皮的小小方寸之地,更是堆加了很多设计元素,以诱人的颜色、扑鼻的香气以及各种可爱的造型,无时无刻地诱导、暗示着我们的孩子——

多多使用橡皮吧,这是你们的必需品!

这种功利的促销,也实在是怂恿孩子们迷恋橡皮甚至有心犯错的罪魁。橡皮,是有它的功能极限的。

橡皮不是必需品,它只是一种底线。

孩子,来份鲁滨逊,还是圣地亚哥?
——男孩生存法则

在小虎六年级的语文课本中,有一篇《鲁滨逊漂流记》的节选文章。据说,这本书现在被列为"男孩子的必读书"。

"男孩子","必读",这样的字样令我敏感。当代教育,不应当忽略的,是家长们教育素养的提升和教育方式的渐趋细化,我们究竟应该怎样教育我们的男孩子?在竞争严酷的当代社会,男孩子应当拥有怎样的生存法则?丹尼·笛福的这本书之所以成为"必读",或许就是因为它能够提醒我们,在男孩子的教育过程中,应当格外强化他们的骨骼和精神,使他们长成一颗勇敢的心。

鲁滨逊的传奇水手经历,令全世界的男孩子都为之着迷、倾倒。据悉,鲁滨逊这个文学人物是有其真实原型的,那位水手的真名叫亚历山大·塞尔柯克。他与船长发生了龃龉,被后者抛弃到了荒岛上,独自生活了四年之久。

但鲁滨逊之所以成为鲁滨逊,恰恰是在他被扔到

了荒岛那一刻才开始的。之前,他只不过叫作——塞尔柯克。

故事里的荒岛,其实更像是某种现实的隐喻,每一个刚刚诞临人世的孩子,都像是被抛在了荒岛之上的鲁滨逊,岛上的荒凉无物,寓意着每一个人都必须要从零开始,经历一个从无到有的过程。你只有以不屈的精神,足够的耐力,还要有过人的才能,才能最终建成和丰茂独属于你自己的那座人生岛屿。故事里特有的刚性和韧度,使它蒙上了一层显在的性别教化色彩,无怪乎要被视为"男孩必读"了。

鲁滨逊的逆境生存能力和他面对不同种族、宗教与文化的强势乐观心态,的确有助于建树一个男孩子的形象。而在男孩子的成长过程中,其实还是有另一本"男孩必读"的。那就是海明威的《老人与海》。

鲁滨逊与海明威笔下的圣地亚哥,是对天下男人气概的共同写照,但着重点又各有不同。鲁滨逊身上更有某种冒险家的色彩,他白手起家,在险恶的环境中,完善了自己的丛林生存法则,以文明和智慧顽强生存了下来。而圣地亚哥,他只不过是古巴众多平凡渔

夫中的一个,他有着衰弱的外表,"消瘦而憔悴,脖颈上有很深的皱纹,腮帮上有些褐斑"——你瞧,他远没有鲁滨逊的强壮和粗悍。他的渔船也很破旧,上面是一张千疮百孔的帆,横七竖八地补着些面粉袋。但海明威书写的,却正是这样一副落魄外貌包裹下的坚韧内心。比之鲁滨逊的强悍、神奇,圣地亚哥的经历是不够传奇和跌宕的,甚至有点平淡乏味了:他在海上幸运捕获到了一条超过一千五百磅重的大马林鱼,"比小船还长两英尺",但这条大鱼在被他拖回的过程中,却被不断围拢来的鲨鱼吃光了,圣地亚哥最后只拖回了一副大鱼的骨架。但就是这样一个无奇的情节,却有着恒久的普世价值:

"人可以被毁灭,却不可以被打败。"

圣地亚哥内心的一路执着,虽极为朴素,却更为隽永,也更耐人回味。

每一个孩子,我们不仅应当让他学习鲁滨逊的逆境生存法则,也更应当让他们明白,并不是每个人在困境中都如此全能,也并不是每个人都可以最终成为了不起的鲁滨逊,尤其是当你身处逆势,无奈漂流的时

候,你明明捕获到了那条"大马林鱼",但命运却偏要给你开个玩笑,最后只留给你一副白花花的大鱼骨架,这时候,你该怎么办?

还是接着读海明威吧。

圣地亚哥疲惫上岸之后,倒地就睡着了,他梦到了一头狮子。

狮子是一种明喻,老圣地亚哥的结局令人安慰。他失败了,但还有力气做梦,而且,梦里自己依旧是一个强者。他没有被鲨鱼打趴下。

世间的英雄,有成功的英雄,也有失败的英雄。鲁滨逊是前者,而圣地亚哥属于后者。但无论结果如何,不气馁,就是英雄。

海明威自己就曾把生活中遭遇的困境比作可恶的鲨鱼,他说:"我努力工作,碰上好运气,得到了一张数目可观的支票,但是所得税就像鲨鱼一样跟踪而来,用尖利的牙齿大块大块地咬着吃!"海明威也正是一个失败的英雄。他经历了两次世界大战,一生英勇无畏,晚年却无法忍受病痛的折磨,最后开枪自杀。他毁灭了自己的肉体,却给我们留下了《老人与海》。

谢谢笛福和海明威！他们塑造的鲁滨逊和圣地亚哥,前者身上有着令男孩子迷醉的乙醇气息,而后者历经岁月沉淀,虽沧桑苦涩,却馥郁绵长,像一壶温热的老酒。鲁滨逊和圣地亚哥都不属于量贩式甜筒冰淇淋,他们是男孩子十岁之后可以尝试的专属饮品,其性质便在饮料和烈酒之间。也许每一位家长,在儿子的十岁生日宴会上,都可以轻声问一句:

孩子,来份鲁滨逊,还是圣地亚哥?

没有教育学,只有教育

"没有……只有……"是一组非常绝对的关联词,很容易引起质疑和非议。如果这个标题过于扎眼,有哗众取宠之嫌,那么我们无妨换成一个问句:

是什么决定了张三是张三而张三不是李四?

答案一定不是教育学。

教育学的种种理论和学说,只着重于对教育规律的提取与发现。在对教育学的定义中,有一条即是它的稳定性、重复性。其实,也就是它的理论性。比如教

育学可以对某人一生的行程做出一个理论上的预测,但真正决定一个人能走多远的,却是受限于脚力、路面、风力、天气以及种种的意外因素。每一个孩子都具有天性和智能上的差异,最终决定了张三是张三张三不是李四的,还是现实教育环境对他们各自材质的发掘程度和引导方式。教育因此也更具有特殊性。

"没有教育学,只有教育",并不是有意要哗众,也不是要去全盘否定教育学的功绩。教育学和教育,在这里分别对应着教育的普遍性和特殊性。但我们现行的教育手段,显然都过分强调了教育的普遍性,它已经形成了一种畸形顽固的教育模式,不同的孩子,正在和已经被一块面目相似的教育模板挤压得变了形。

教育学发现不了真正意义的天才。爱因斯坦幼年时被老师断言:"他将来做哪一行都没关系,因为他都是一事无成!"这是一个教育学意义的宣判。但那次,是教育学错了。

陶行知先生有句话说得特别好:"你的教鞭下有瓦特,你的冷眼里有牛顿,你的讥笑中有爱迪生。"只可惜,他的苦心孤诣并没有为多数人接受,真正能懂得其中深义并秉承相继的人，又有多少呢？又或者，只有严酷的环境才能催生天才，瓦特、牛顿、爱迪生，就只能诞生在残酷的教鞭、冰冷的眼神和挖苦的讥笑之中？

在西方，流传着这样一个有趣的故事，其大意如下：

母亲下班回家，发现牙牙学语的孩子指着地上的皮球，磕磕巴巴告诉她：圆……母亲非常震惊，问保姆对孩子做了什么？保姆骄傲地承认：是我白天教他的……母亲却当即黑脸，辞退了那位好为人师的保姆。理由是：保姆不该多嘴，告诉孩子皮球是圆的，因为那是成人世界的概念，过早把概念灌输给孩子，会使他从小形成思维的定势，并对物体失去自己的想象力和判断力。

这个故事，对中国的教育来说是略显夸张的。因为我们的教育观念普遍认为，应当早早告诉孩子皮球是圆的，不仅如此，在几乎所有孩子的笔下，天空都该是蓝色的，太阳是火红的，还都无一例外地闪烁着熠熠的光芒……而这些，都通通被我们视作再正常不过的"智力开发"。但在那位西方母亲的眼里，却无异于一

场后果严重的智力"谋杀"。

现行的美育方式,既产生不出毕加索,也不会收获马尔蒂斯。

当然并不是每一个孩子都必须成为毕加索和马尔蒂斯,但对于教育特殊性应有的重视和推崇,却至少能产生利于天才诞生的土壤。

中国的导弹之父钱学森在去世前特意对中国的教育观念进行了批判,他说:"中国还没有一所大学能够按照培养科学技术发明创造人才的模式去办学,都是些人云亦云、一般化的,没有自己独特的创新东西……这是中国当前的一个很大问题。"

钱老这句话也许有些冗长,不够洗练震撼,那么我们就来读读哈尔滨工业大学校长发出的一句喟叹吧。他说:

"我是研究机器人的,希望机器越来越像人,但作为校长,我担心把人培养得像机器!"

这就把话说到底了。

机器是没有温度和激情的,它只会按部就班,机械运作,所有的动作行为都极其符合规范,否则就会被剔

除出去,成为废旧部件,躺在黑暗的角落里,等着风吹日晒,生锈发霉。这和我们人类的某种境况何其相似!

昆体良,古罗马最有成就的雄辩家和教育家,他极力倡导"因材施教",他认为每个孩子都具有才能上的个别差异,老师唯有"精细地观察学生能力的差异,弄清每个学生天性的特殊倾向",才能施以最合理的教育。因此,"因材施教",才是真正的教育学。但昆体良在公元一世纪提出的"因材施教",在2000多年后的今天,依然是一个遥远的梦想。

没有教育学,只有教育。教育的最终目的,并不是让孩子们思维划一,而恰恰是在同一命题面前,让每一个孩子都能临场发挥,从他们各异的表现中,发掘、肯定他们身上的不同潜质。唯一能够做到这一点的人,恰恰不是教育学家。

教育学家不可能把目光专注于每一个不同的个体,而只能是更多地致力于普遍规律的提取与凝练。而教育,本质上却具有不可复制的唯一性。

近几年,教育图书市场先后畅销的,有哈佛素质教育,有卡尔威特的天才教学方法,也有日本黑柳彻子笔

下的可爱小豆豆……书作者们,许多都只是家长而已,尽管思想不够深刻,理论不够完备,文字也不那么尽如人意,但晚报的连载版,却总是心甘情愿地为它们提供着版面。这是一些阐述现代家庭教育心得与观念的图书,家庭教育图书之畅行,有其必然性。作者并非教育专家,却个个是实战家,有着比专家更为灵敏独特的判断。他们大多并没有受过教育学的系统训练,却以爱意和韧性,开启了孩子们的一道道智慧之门。但每一位家长面对的,不太可能都是早慧惊人的小卡尔威特,而你的"小豆豆",也不可能永远生活在纯净的"巴学园"。事实上,正是这种不可能性,才构成阅读的兴趣。这些家教图书,给坊间提供的,恰是一些独特新颖甚至不乏离奇出格的教育思路。他们的想法和做法如此陌生,甚至不无乖张之处,但他们恰好构成了一种强烈的反作用力,使我们努力从生活的惯性中挣脱出来,重新去张望我们的孩子:他,或她,究竟是怎样的一个孩子?他们,该受到怎样的教育?

父母与理论家的不同就在于,前者从不考虑宏大的命题,他们看到的,只是一个可爱的鲜活个体。对孩

子心理与心灵的捕捉,才是最难的技术关口。天下父母,却常常是那个掌管着唯一钥匙的保管员。了解他,爱他,并以经验和能力,帮助孩子度过人生最初的每一个关口,才是教育的本义。

不要让孩子成为濒危物种

最近中央电视台播出了一个农妇的专题。60多年的风吹日晒,使她有一张秦俑般朴拙的面容,一笑起来,沟壑丛生。你不能说她丑,因为她自有其美。她在人生的暮年下定决心做自己喜欢的事——对了,我忘了说,她喜欢雕塑。

她随便用泥巴捏出的什么生灵子,都自有一股生拙之气,看上去憨厚动人。一位美院教授惊喜于他的"发现",特意为她操持了一个雕塑展。专业院校的教授、艺术评论家蜂拥而去,对着央视的镜头,一个个自叹弗如,称赞她的作品是"后现代"。而农妇呢,亦成了媒体笔下的重庆版"凡·高奶奶"。他们惊异于一个农妇,从未学过任何的雕塑原理,也不懂什么肌理结构,

作品却充满了如此强大的生命张力。教授说,大学雕塑要学5年,学生升入大二才开始学做胸像。而这位农妇,却用一种最简单不过的笨拙方式,"解决了大部分的理论问题"!

镜头切换了过来,记者在采访农妇,他有意问她,知不知道什么是"后现代"?

农妇想想,解释说:"就是说我后来才学的雕塑,比人家慢……"

农妇一下出了名。但舆论围观的眼神,怎么看,都像是在欣赏一只濒危灭绝的动物。

教授的真诚之处,其实恰是现代教育的矛盾之处。

面对农妇雕刻,美院教授们的反思有一定道理,但他们绝无可能就此脱掉西装,扔下名位,跑到偏僻的山沟里一辈子捏泥巴。

农妇的"无知"懵懂,使我想起白谦慎先生提出的"王小二书法"来。

白先生现为美国波士顿大学的教授,他从"娟娟发屋"和"发发面馆"之类民间店铺的招牌上,读出了"王小二书法"背后不同凡响的美学意义。所谓"王小二书

法",在王小二们看来,也就是几个字而已,聊作招徕生意之用,省去了日日枯站吆喝的苦楚。而在饱读诗书历受理论熏染的艺术家看来,歪斜的小二体却成了堪可玩味的"书法艺术",其中的随意稚拙,毫无文法,反倒成了一种天然的机趣。

无论是农妇雕像还是"王小二书法",都使人警觉、反思——教育的结果,为何常常使人们丧失了原生态的感知与表达力?

而我们的孩子,正走在这样的路上。

教育的本义应当是发现差异,但教育却偏偏成了一块蒙蔽眼睛的红布,而我们所有人,都成了这块红布下的蛋。于是,很多人陷入反思,宣扬"教育无用论"。有一本零五年出的书,是美国丹尼尔·科顿姆的专著,名字就直白地叫作:《教育为何是无用的》。

这本书是有一个前提结论的:"教育无用。"而他,只是重新在学理层面上进行了一次提问:为什么呢?

丹尼尔在序言里总结说,因为教育打破了我们的常识,降低了我们的日常生活能力,让心变得麻木,让人自命不凡……因为"受过教育的人不会发出兴奋的

呼喊,不会放声大笑",还因为你会变得越来越漠视马路边上伸过来的那只乞讨的手……

教育的无用性,特别是其显现出的人文学科领域的无能,一直是西方文化史研究中一个备受关注的命题。而那些持"教育无用论"者曾不乏激愤地宣称:"当世界末日来临之时,受教育最多的人将会是首先被消灭的那一批人之一。"在他们看来,现行教育褒奖的,是那些愿意在碌碌无为的枷锁下屈服的人。而我们的孩子,也正在被我们以爱的名义套入温柔枷锁,陷入与世上所有灭绝和即将灭绝的生物一样的命运。

我宁愿把"教育无用论"看成一种用以反思、矫正和均衡的积极力量。它时时提醒我们——

孩子,才是这个世界上最需要拯救的濒危物种!

请不要以教育的名义,把孩子般的纯真和童心给弄丢!

教育,真的是一种妥协和挣扎。它是各方力量汇集的一场拔河比赛。耗时,耗力。但我们必须放弃生性的好强与任性,在各种力量中既有所坚持,又有所妥协。

妥协不是示弱,妥协的前提是坚守。我们最需要坚守的,是一颗尊贵的童心。

一定让他懂得,什么是 BLUES

中央电视台每年都会举办青歌大赛,那是我们全家人必看的节目。

赛程中,歌手们总是要过一道难关:听歌练耳。也就是由演奏者用钢琴演奏一段曲子,而后,歌手要准确地重复一遍刚才的曲调。

有的时候,考试题目又是播放不同种类的曲目,要求歌手答出出处、作者。

很有知识趣味性。

虎从四岁练琴,至今不辍。对于与琴音有关的声音,他是敏感的。

那天,电视放出了一首曲子,歌手神色尴尬,回答不出。虎张口就说:是蓝调嘛!简单。

原来是一道考问曲风的题目。

外公惊喜道:"哟,你知道?!"

他当然知道。

他还知道,蓝调是 blues,是忧郁风。

蓝,是世界上最美的一种颜色,忧郁、深沉,但不灰。或许,这是每一个男孩子都应该学习和了解的颜色。就像每一个男孩都要读一读鲁滨逊。

布鲁斯,能让男孩子一夜长大。

我们都喜欢蓝,也喜欢蓝调。为此,我专门带他去听了布鲁斯。

那是一位飘逸、可亲的法国老人的专场演奏。他叫:让·雅克·米尔多。

整晚的演出可谓布鲁斯极了。

舞台的颜色简单而纯粹,舞台上大片的黑衬着老人一身的白,整晚的演出,只有一抹红在闪烁、摇摆。是那位站在前台的吉他手的嘴唇。他自始至终只留给我们一个侧影,他永远专注地朝向那位吹奏口琴的老人。他轻微的摇头、蹙眉、耸肩,每一个细致动作,都是对演奏的一种外在解释。他细瘦的身躯被黑色包裹着,只有那抹红,随着不由自主的自言自语,在那大片的墨黑中亮丽着、眩目着。我怀疑是他上了唇彩。我

好奇,然而又被音乐厅里无所不在的音乐挟持着,一路狂奔——似乎已到了非洲大草原,四周是狂欢的土著,他们喊着的,是些什么鸟语?

那位老人是最令人着迷的,他的出场如此独特、轻盈,他气定神闲地站定在舞台中央,像极了老年的毕加索。他与舞台的那个位置是天生相契的,而他的乐队,也在用音乐表示着对老人的深深敬意。

让·雅克·米尔多被介绍为欧洲最著名的口琴蓝调大师,在我看来,他更像是一位神奇魔法师,他的口袋、腰袋、裤袋中,藏着在我们看来没什么两样的口琴,但竟有七、八只之多,他随手轻松地变换着,音乐也随之奇妙地变幻。雨林,大海,草原,山峰、云巅……在他的音乐场域中,每一个细节都是好的,听的人像淋着一场细密松快的春雨,情绪被撩拨得四处飞扬。

虎那晚在座位上,也彻底沉迷其中,忘记了与小伙伴的斗嘴、聊天。我没有去惊扰他个人的视听,这时候在他耳畔的讲解,是多余的。在这样的时刻,只需静静感受来自心灵的风云。

如果对蓝调多作些准备,虎会听得更好。

音乐会后,小虎积极搜索资料,他现在知道,这种起源于美国新大陆黑奴拓垦区的音乐,最初只是黑人们劳动时相伴的短曲,所以,音乐包含着人们相互间的情绪呼应。蓝调成为现代流行音乐之源,后来的音乐加入了许多新兴的元素,但其中"Call and Reponse"的

让·雅克·米尔多

这种交流感依然存在。这使它深入人心。蓝调是忧郁的,蓝色在黑人的文化里也被视为忧郁的代名词,所以布鲁斯适宜宣泄的酒吧,失意的酒馆。

是的,蓝调,根本不是许多人以为的小情小调,它可以是在清风白月下的抒情,也可以是风雨之夜的苦吟;可以是被爱情拒绝后的失意与哀伤,也可以是篝火旁的热烈与奔放……总之,蓝调有它独特的语意,那是一种独属于夜晚和人生的曲调——

一切苦难都是可以承受的,只要还可以吟唱。

为孩子写作的第501个理由

1978年,诺贝尔文学奖得主辛格曾经表示,有五百个理由让他立志为儿童写作。辛格当然不可能真的列出五百条理由来,但他还是挑出了其中的十条,如:

孩子读书,一般不理会媚俗商业书评的说三道四;

他们读书不是为了寻找所谓身份认同;

另外,他们喜欢就是喜欢,不喜欢就是不喜欢,他们从不试图去理解卡夫卡;

他们仍然相信上帝、家庭、天使、魔鬼、巫婆、精灵;

他们喜欢逻辑清晰的故事,正确使用的标点符号,和现已作废的同类事物;

最重要的一条理由,是他们读到一本乏味的书时,会公然张嘴大打呵欠,毫不害臊也不惧怕任何权威的批评……

对于一个成人来说,面对一本深奥的著作打呵欠,是需要勇气的。必要的时候,得先捂上嘴,再悄悄察看一下四周是否有人在注意你,否则,一个哈欠便可能出卖了你,让你在众人面前暴露出自己的"浅薄无知"。但孩子的哈欠是毫无惧意也毫无愧色的,因为他们知道自己能力有限,更知道自己的趣味所在。他们的评价标准从来就是二元的:喜欢就是喜欢,不喜欢就是不喜欢。而有城府有教养的成人,嘴唇通常会背叛内心。

辛格为孩子写作的五百个理由,其实是一次另类的文学批评,每一个理由,都对应着成人世界的虚伪与荒唐。

文学首先是人学。孩子,则是"人之初"。为人生初期的孩子写作,尤需要高贵的心灵和无瑕的文字。

我们拥有太多名闻遐迩的作家,他们拥有太多的文思与华美的笔触,但真正肯为孩子纡尊降贵创作儿童文学者极为少见,即便是有,也属偶一为之,一则担心从此被冠上"儿童文学作家"的名称,二则是担心自己从此写不了人性的残酷和血腥——有一阵子,在我们的作家中间,似乎有意以作品争相较劲,看谁比谁更能洞悉人性的残酷,谁比谁更能探摸到历史的血腥。过去有人批评过中国现当代作家群体的"冷硬"与"孤寒",现在又岂止是这些,似乎不扭曲变态,不有意展现人性的极端困境,便不足以证明一个作家的实力与高明。他们以展览的笔调,写明清酷刑,写人性丑陋,写官场黑暗,比谁更能不动声色,更为手法独到。这样的文字,宛如文坛吹来的一股股阴冷之风,令人不寒而栗。他们,是不适合儿童的。

因此,在辛格为孩子写作的五百个理由而外,还应有第 501 个理由,那就是为了人性的暖意。

寒苦自然是人生的一部分,但它决不是人生的目的。寒苦也不是不能用来写作,但它同样也不是写作的目的。写作人生的枯寒,不是为了沉浸其中,更不是

为了炫技，而恰是为了超越。说到底，我们是为了追寻生活的暖意而活着，而不是生来就为追求寒苦的。人之初期的孩子，对未来充满了向往，他们的心灵尤其不能或缺温暖的体恤，他们的成长需要和煦的春风，需要和暖的阳光，如果我们的文学只能带给他们地狱般的阴冷与寒战，世界之于他们，是不是就没有了动力和意义？

现在很多成人都开始迷恋孩子们的漫画书，粉红小猪麦兜、聪明善良的喜羊羊……没人会觉得它们幼稚可笑，相反，它们正是因为能够圆通，因为憨直，因为滋滋地冒着热腾腾的傻气，而成为万众心灵的托寄。它们为人类世界提供着最后的一炉篝火与暖意。

认为童话幼稚的人，是幼稚的。

虎雏国度

孩子,是这部《变形记》的最大主角,也为了使大家不至于读得过于沉重和沉闷,本书特意设置了一个由小虎主写的栏目:"虎雏国度"。

虎雏,小虎是也。两年前,外公曾专门给小虎撰写过一副春联:

"此地有虎,尚幼;他年下山,当心!"

今年,他年,中间便是他"变形"脱壳的一个丰富时空。

虎为森林之王,自然拥有一个庞大的国度,小虎虽然"尚幼",亦有他自己的"虎雏国度",里面的文字与图画,是他校园生活的直播,更是一个孩子正在拔节的美妙声音。

我的电影被"禁"了

唉,就在考试的前一天,我被老师给留了。

事出有因。意外,发生在我拍摄一部"武打片"的片场。

最近,我和班里的几位男生迷上了拍戏的游戏。一到课间,我就"架"好摄像机,几位"演员"站在机位前,像模像样地展露他们的拳脚功夫——当然,都不是真的打,只是拉拉架势,摆摆造型而已。有时候,我会卷出一个手筒,在现场高声命令:

"再近一点!你!说你呢!动作再大一点!对对对,好!过!"

我从小就喜欢电影,也希望自己将来有一天能成为电影导演,拍出一部部精彩的影片。在幼儿园的时候,老师们就给我起了个外号:"周导"。这是因为,我每天早上一到教室门口,便大叫一声某部电影里的对白。老师们一定觉得我沉迷在电影里的样子很滑稽,也很好玩。我现在看电影,不仅是看故事如何好玩,我还会想象他们如何才能把一部电影拍得好玩。我喜欢

成龙、周星驰,尤其是"周星星",他不仅是个好演员,更是一个好导演,他的电影都很有个性,语言对白也非常滑稽幽默。

对于一部影片来说,演员是最重要的,而那天,就是我的"演员们"出了故障,才导致了一场混战。W同学一向有点暴力倾向,在那天的"拍摄现场",也许他入戏太深难以自拔,弄假成真,对准一位同学的后脑勺大打出手。那位同学被打得哇哇大哭,其他同学一拥而上,指责他不该打人。正闹得不可开交,老师过来问情况了,W却脸色通红,哭得比受伤的同学还伤心。他每次打人之后,都会在老师面前先哭上一鼻子,好像犯错的是别人,他自己反倒成了受害者。

为了查清事实真相,放学后,我们这部电影的全部"班底"都被留了下来。这倒没什么。糟糕的是,老师勒令我们从此不许在课间"拍电影"了。这可让我损失惨重,我还有一肚子的好故事等着要拍哩。唉,都怪这个可恶的W!

"蜂"波

"哎哟,马蜂窝耶!"

我寻声赶去,看见一群小马蜂正在我们班班牌上搭窝筑巢,已经完工了一半。见有人要去够它,我大喝一声:"谁动它谁就……"

"哎——干什么干什么呢?都上课去……不过几只小马蜂,大惊小怪!"哦,是别班的老师,见我们像赶集一样熙熙攘攘,瞪了我们一眼。

上课了,老师张口就说:"今天下课谁再提'马蜂窝'三个字,谁就会受到惩罚!"

下了课,我们不再提"马蜂窝",改口说:"走,去看蜜蜂巢!"

下午,有两个人架着梯子,拿着钳子,闯入教室:"是你们班上有马蜂窝?"

"蜜蜂巢!"我们纠正。给他们指明了地方。

三下两下,他们就把蜜蜂巢捅了下来。胆小者舒心一笑,热爱动物者叹了口气:"唉,这俩人儿工作这么不仔细,蜂巢怎么还在?只是好像小了一点。"

"不可能啊!我亲眼看见他们把蜂巢捅了下来,怎么……"

眼见为实,我们跑去看看究竟。

"哦,原来——蜜蜂又开始筑巢了!"

"班宝"

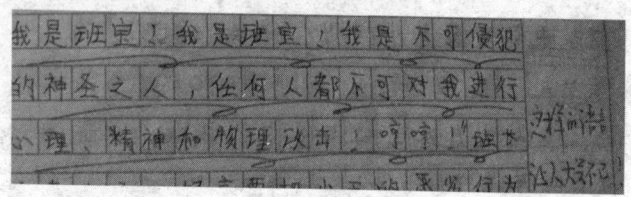

杨夕萍老师点评

说起我们班的班宝,那可真是数不胜数,令我们印象最深的,就要数"汤圆"了。

"汤圆"是我们给他起的外号。因为他姓汤,又长得胖乎乎,圆头圆脑的,活像一只汤圆!

有一次,汤圆刚从数老办公室回来,便听见美术老师又在数落我们这帮粗心的家伙——

"你们也真是的!工具怎么又没带齐?我每次都提醒你们别忘记带工具,可有些人怎么就是记不住啊?!"

汤圆马上就接口到:"人老喽!唉,耳朵不好使了,啊懂啊!"一口老南京腔,绝对字正腔圆。

声音虽小,大家却还是听见了,全班哄堂大笑起

来,连美术老师都无奈地笑了。不过,这以后,班上同学每次上美术课都不约而同带齐了工具包。汤圆的那次表演,给大家留下的印象实在太深了!"班宝"的无心插柳,倒解决了我们班的老大难问题。

"班宝"的作用还不仅于此。

有一次,我们课间趴在窗台上,无精打采地看着对面的墙壁,一个个像晒蔫了的黄瓜秧。突然,我发现对面墙上有一摊红色的污渍,我灵机一动,决定模仿《南京零距离》的记者,自导自演一出电视新闻报道:"亲爱的观众朋友们,昨日,在某某小区发生了一起凶杀案,受害人的血迹就在对面的墙上,下面我们采访一下现场目击证人汤圆!"

我把"话筒"伸到了汤圆面前。只见他伸伸脖子看了看四周,然后一脸诡异神秘兮兮地对着"镜头"说到——

"哎呀,我跟你讲哦,我看见一个蓝滴(男的),拿着一把匕首,把一个老头给杀得了,血啊,就溅到那个墙上了。我还听说哦,起因就是为了芝麻大一点点小事情噢……啊懂啊!唉!所以我不讲嘛,现在这个世上,

坏人没得法子数清喽！"

瞧！一团墙上的污渍便被他演绎得悬念横生了。刚才还眼神呆滞的一群人立刻兴奋起来，你一言我一语，把一个无中生有的故事说得煞有介事。

课间，汤圆类似这样的无厘头之举还多着呢，这使我们的课余生活总是笑声不断。

谢谢你，"班宝"！

妙趣横生的一堂课

像往常一样，语文课一下，我们就偷偷摸摸朝楼上走去，往六(6)班飞快地瞄了一眼——

哈哈，正如我们所料，数老正在讲台上神采飞扬地讲着课呢！看这样子，一时半会儿也下不了课。

我们放心下楼，正开心地闹腾着，忽听某人大喊一声："红色警戒！数老来也！"我们

飞也似的跑进教室,端坐着。

数老端着茶杯走了进来,看了我们这些"侦察小队"的人一眼,开玩笑道:"你们这帮小孩儿哦!也真是的,怎么看见我就跑哈!搞得我一个老头孤孤单单的——我也要人陪嗨!"唉,真是没办法,他的一口南京话这辈子也是改不了了。我强忍住没笑,有的同学实在忍不住,紧紧捂住了口鼻。

紧接着,数老便熟练打开展台,不等铃响就开始上课了。这堂课讲的是方程,大部分同学都不喜欢 x、y,觉得很没意思,很快,我们听得昏昏欲睡,哈欠连天,完全忘记了"站如松坐如钟"的班训,一个个东倒西歪的。数老见状,马上把小郭同学叫上讲台,让他讲题。我们马上来了一些兴致,伸长了脖子要看他是如何出丑的。没想到今天小郭像是有备而来,只见他口若悬河,滔滔不绝……等他好不容易讲完,数老上前一把搂住他,笑道:"哎呀,儿子唉!讲得这么好法子哈!我真要认你做我的干儿子喽!"说完,伸伸舌头。再看小郭,脸涨得通红,被数老搂得紧紧的,想跑都跑不掉。我们大笑,数老这才放走了他。

课堂毕竟是课堂,我们马上回过神来上课。但这种好局面只维持了十几分钟,有人忍不住,开始交头接耳地讲小话。数老好像也意识到了,便使出了"杀手锏"——他背过身去,装作要往黑板上书写算式。我们见缝插针,赶紧聊天,教室里立刻像飞进了一群蜜蜂,嗡嗡嗡嗡……数老猛一回头,结果看见小乔正弓起身子,要往一个人身边凑。这下有他好看的了!我们静静等待数老的暴风骤雨。没想到,这次数老并没有发脾气,而是问他:"小乔啊,你不听课,老往人家身上凑干什么哈?"没等他回答,数老便在讲台上使劲搓起了手,语出惊人:"嗯,我知道,暖和嗨!"疯狂的笑声接踵而来……

我们似乎从未上过如此有趣的数学课。数老耐心等我们大家都笑完了,才又言归正传。

咦?枯燥乏味的方程不知怎么,一下竟变得生动起来,我们都竖着耳朵仔细听起了课,因为谁都不知道,下面还有什么妙趣横生的"插曲"等着我们哩。

"不一班"

在木头人小学,有一个班被大家叫做"不一班"。这个"不一班"里的学生非常调皮,喜欢恶作剧,在全校都臭名昭著,所有教他们班的老师都深感头痛。

"不一班"最调皮的学生是皮包、皮带、皮蛋和皮厚四个,在全校享有"四大天王"的美誉。因为调皮,"四大天王"的学习成绩都在班上"数一数二"的。

不过,别看他们平时调皮得令老师直摇头,却也各有各的特长:皮包记忆力超群,皮带反应特别敏捷,皮蛋做题速度无人能比,皮厚的书法全校第一。

有一天,"不一班"来了位新老师。这天,老师告诉全班同学:"最近市里面有一个英语竞赛,每个学校选出四位同学去参赛,校长经过慎重考虑,决定这四位同学在我们'不一班'产生,他希望我们班这次真正表现出不一般来。现在,请愿意参加的同学举手!"

皮包、皮带、皮蛋和皮厚是四个不服输的孩子,他们争先恐后地举起手来。

老师看了看,做出了一个惊人的决定:"那就让皮包、皮带、皮蛋和皮厚四位同学代表我校去参赛吧!"班里几位学习较好的同学很不服气,抗议道:"以前这类风光事可都是我们的专利,他们四个那么差,去参赛的话,还不把学校的脸都丢尽了!"老师微微一笑,说:"那就让我们拭目以待吧!"

来到考场,比赛第一关是英语书法大赛,因为皮厚书法好,大家一致推举他上台。

比赛开始了! 瞧瞧皮厚写的书法,刚劲有力,字字

饱满,其他小组的参赛作品跟皮厚的书法简直有着天壤之别。第一关竞赛结果:皮厚第一!

第二关是抢答问题。反应能力极快的皮带果然不负众望,别人还在那里挠头动脑筋的时候,皮带早已经回答完毕。看着别人无可奈何的样子,皮带第一次为自己感到了骄傲。

第三关是背诵比赛,要求选手在两分钟内背熟10个英语生词。这可是皮包的强项,10个单词对他来说是小菜一碟,当别人才背到两三个单词的时候,皮包已经熟练地背诵完毕。评委们对他刮目相看。

第四关是笔试,要求10分钟作出10道用英语出的奥数。这下轮到皮蛋上场了,只见他奋笔疾书,5分

钟不到就交了卷。评委老师简直不敢相信自己的眼睛,因为这次比赛给选手出的奥数难度超过了以往的每次比赛,皮蛋却不仅快速交卷,而且无一错题,这可是从来没有过的。最后,评委一致决定:本次大赛冠军为木头人小学!

只见平时调皮无比的"四大天王"兴奋得跳了起来。别的学校的老师在一旁忍不住竖起了大拇指:"这个学校的同学真是不一般!"

"不一班"现在终于成了真正的"不一般"!

"哈依,屎特勒!"

我是南京人,最近有两部关于南京大屠杀的电影,我自然要看。其实,每一个中国人也都应当了解一下60多年前发生在南京的那段可怕历史。

妈妈要我先看《拉贝日记》,说《南京!南京!》有些少儿不宜。哦,那可真是一

个悲惨的世界！电影有这样几个镜头令我难忘：

一是拉贝在战争打响之初，他急中生智，展开一面德国纳粹的巨大旗帜，让几百名中国难民躲在下面。日军的飞机一看是盟国的旗帜，果然不敢朝下丢炸弹了。正是拉贝的这种智慧和勇气，使他在后来的日子里拯救了 20 多万中国人；但大屠杀期间的南京，已经沦为人间地狱，就连拉贝也不是全能的。他眼睁睁看着自己的中国司机被日军当作砍头比赛的牺牲品，自己却无法挽回他的生命。

但这部电影并不全是黑暗、压抑的。比如犹太人乔治·罗森因为希特勒对犹太人的迫害，而对德国纳粹充满了仇恨，但是面对日军，他还是不得不举起手臂，对他们行了个纳粹礼，以避免不必要的牺牲。但乔治心里是很不情愿的，怎么办呢，只见他突然对日军大喊一声：

"哈依，屎特勒！"

哈哈，真是既糊弄了日本军队，又巧妙保护了自己。我们都被他的机智逗乐了。

我喜欢的两个舒马赫

我从两岁开始,就严重崇拜舒马赫。不用我多说,大家都知道他是世界著名的 F1 赛车手,我崇拜他,就是因为他有绝尘而去的速度,每次看他的比赛,我都会忍不住兴奋地大叫大嚷,恨不得变成他坐骑上的一只轮子,跟他一起狂奔。

后来有一天,我从妈妈的书橱里好奇地抽出一本书,因为我发现这本书的作者竟然也叫舒马赫。看了简介才知道,这个舒马赫可不是我崇拜的赛车手,他是英国一位著名的经济学家。他的这本书叫作:《小的是美好的》,英文名为:*Small is Beautiful*。

Small is Beautiful? 是什么意思呢?

我一时对经济学家舒马赫产生了好奇,并用两天的时间把他这本书翻了一遍。他的思想对于我们小学生来说的确有点深奥了。妈妈却鼓励我试着读下去,不懂可以随时问她。因此这本书我读得磕磕绊绊的,这也是我第一次这么吃力认真地读一本书。我渐渐看懂了一点,书名中的"小的",其实就是"慢的","有限度"的意思。

简单一点来说吧,就是舒马赫不赞成我们的社会为了追求发展速度,而滥用地球上的各种能源。这样做的后果,大家都已经看到了:地球资源正在被耗尽,环境遭到严重破坏,社会矛盾大量增加,人们的贪欲不断膨胀……这本书的中文序言就提到了这样一个观点:过度的发展,会造成工业破坏农业,农业又报复工业的"相互毒化"现象。

这么说来,经济学家舒马赫和赛车手舒马赫,正好是相反的两个人——

赛车手以快取胜,追求极限速度。在他们的赛道上也不会限制车速,跑得越快越好。

而经济学家舒马赫却反对"超速"。这里的"超速",是指我们社会发展的速度。

作为赛车手的舒马赫,我希望他的速度越快越好;但是我更赞同作为经济学家的舒马赫,希望我们永远能生活在美好的环境当中。

其实,即使是赛车手,也还是有速度极限的,否则就会冲出跑道,车毁人亡,酿成不可挽回的悲剧。

谢谢你,小泽征尔!

生命中我们要感谢的人很多。而我今天要感谢的是日本著名指挥家小泽征尔。去年夏天,他"送"给了我一样珍贵礼物。

我四岁就开始学习弹钢琴了,弹钢琴可不是只要动动手指头那么简单的事,它需要有自己的情感理解,更需要日复一日的坚持。去年暑假,我的钢琴学习又进入了一个新的阶段,老师对我手指跨度的要求更高了,曲子的理解难度也增加了,肖邦的那首波兰舞曲我练习了一个多月都没有太大进展。我越是练不好就越着急,越着急就更加练不好,看着妈妈期待的眼神,我一下产生了从没有过的巨大压力,我甚至都想趁家里没人的时候把琴谱撕了,把钢琴砸了。妈妈意识到了我的烦躁情绪,劝慰我说不要着急,但她的话对我毫无作用。我告诉妈妈,我想放弃学习钢琴了。妈妈并没有多说什么。

第二天,她给我拿来了一份《报刊文摘》,要我离开钢琴,读一读其中的一篇文章:《小泽征尔的坚持》。我知道小泽征尔是日本鼎鼎有名的大指挥家,这篇文章就是讲他在 1994 年到中国沈阳演出的一个真实故事。沈阳是小泽征尔的出生地,所以他决定送给家乡人一台精彩的交响乐晚会,为此,他每天都要指挥乐团训练 6 个钟头。他太疲劳了,有时候不得不蹲在地板上指挥,甚至跪在地上。日本的作曲家武满彻说,每天清晨四点钟,小泽征尔就亮起灯读总谱了。原来,他从青年时代就养成了晨读的习惯,并一直坚持至今。小泽征尔自己也这样说:"我是世界上起床最早的人之一,当太阳升起的时候,我常常已经读了至少两个小时的总谱或书。"

读了这篇文章,我一下明白了妈妈的用意。小泽征尔已经是一位非常了不起的指挥家了,但他仍旧坚持晨读,比起他来,我的毅力就差得太远了,而且碰到这么一点挫折就灰心丧气,真是太不应该了,我为昨天想要放弃钢琴的念头感到了羞愧。我悄悄把这份报纸珍藏起来,叮叮咚咚的琴声又重新在我家响起。妈妈欣慰地笑了。

现在你知道我为什么要感谢小泽征尔了吧,因为

他送给我的礼物就是"坚持"这两个字。从这以后,我碰到困难就会把这份报纸找出来重读,鼓励自己一定要坚持!坚持!

小泽征尔,你给了我坚持的勇气和毅力,谢谢你!

《巨人传》:治疗牙疼的妙方

有这样一对奇特的父子:

父亲从娘胎里爬出来时,不是"呱呱坠地"的,而是高声连叫了三下:"喝!喝!喝!"他的叫渴声可真是惊天动地呀。这人就是高康大——庞大怪的父亲。

而庞大怪的出生就更加离奇了,他是在父亲高康大"四百八十加四十岁"那年才出生的。只可惜,他一出生,他的母亲就死了。因为他的身体实在是庞大无比,"若不把母亲憋死,他就生不下来"。

这对父子的奇特之处还远不止这些哪。高康大和庞大怪说话都颠三倒四,满嘴胡言乱语。但是另一方面呢,他们又都强壮健康,力大无比,还有渊博的知识,待人也宽宏大量,充满人情味。

这样一对父子就是法国作家拉伯雷《巨人传》里的文学人物。拉伯雷是欧洲文艺复兴时期最了不起的作家之一,《巨人传》被后人评价为"一部充满巨人精神的奇书"。什么是"巨人精神"呢?"巨人精神"又被称为"庞大怪主义",因为庞大怪就是书中的"渴人国国王",其实就是"乐观主义"或者"乐天主义"的意思。

这本书光从里面的小标题来看就非常有趣,如:

高康大如何在娘胎里呆了十一个月?

高康大如何从头发里梳出炮弹来?

高康大如何吃生菜进口六个朝圣者?……

拉伯雷是有意以一种滑稽、可笑的口气,让老百姓从中理解作者对中世纪黑暗的批判精神。

中世纪的黑暗已经一去不复返了,但《巨人传》却流传至今。据说,这本书出版以后,在老百姓当中流传着一个治疗牙疼的妙方:只要把热毛巾包裹着这本《巨人传》敷在牙疼的地方,就可以立竿见影地止住疼痛。这虽然只是一种传说,但足以说明这本书的强大魅力。

从林肯到奥巴马

奥巴马访问中国之行,引起世人的关注。这让我想起六年级刚刚学过的一篇课文,叫:《鞋匠的儿子》。

林肯出身贫寒,在他当选美国总统之后,众多出身高贵的参议员为了让他当众出丑,便想尽办法嘲弄他,讥讽他是鞋匠的儿子。林肯却以他的宽容和自信最终赢得了那些反对者的掌声。林肯被誉为美国"最伟大的总统",他的伟大,当然与他这种永远不忘记自己是鞋匠儿子的精神有关,但更主要的是,他是美国黑人解放的象征,可以说,正是林肯一百多年前的这一伟大成就,才使美国的今天诞生了有史以来的第一位黑人总统——奥巴马。

林肯虽然是一个白人,但他主张人人平等,这在当时,可算是犯下了天大的忌讳,大大威胁了农奴主的利益。因此,在他当选总统不久,美国南方的部分蓄奴州

就组成了"南方联盟",向北方不宣而战,这就是著名的"南北战争"!林肯却坚持自己的主张,并签署了《宅地法》和《解放宣言》,一下扭转了战争的局势,取得了最终的胜利。黑人农奴得到了解放,有力地推动了美国的发展。而林肯为黑人的自由和解放,做出了不可磨灭的贡献。

如果说林肯当年为黑人解放事业撒下的是一粒金灿灿的"种子",如今,这粒"种子"历经一百多年的破土、萌芽,已经成长为一棵参天的大树!奥巴马,是美国迎来的首位黑人总统。他的当选,正是对林肯当年理想的印证:人,是生而平等的!林肯与奥巴马,是美国黑人解放史的两个重要里程碑。没有历史上的林肯,就不可能有今天的奥巴马!

杨夕萍老师点评

小兵与坦克

小兵与坦克相遇了,坦克很骄傲,对着小兵说:"你看我,长得肚大腰圆,多强壮。可是你呢,真是一个小不点儿。喂,小兵,你在战场上,能又什么用?"小兵微笑着,没有说话。

战斗打响了,小兵与坦克一起冲上前去。这回,他们的任务是攻下敌人的城堡。小兵攻了很久,还是没有什么进展。坦克瞄准了城堡,只远远地开了一炮,一下子就把城堡掀翻了。

这下坦克更骄傲了,它得意洋洋地看了小兵一眼,像是在说:"我刚才的发挥怎么样?"小兵依然微笑着,一言不发。

后来,敌人的部队被打得落荒而逃,其中有一小股敌人钻进了茂密的山林里,无论坦克怎么狂轰乱炸,他们就是不出来。小兵和他的战友们组成了一支精锐部队,冒着枪林弹雨摸进了山林中,很快就歼灭了敌人。当小兵和战友带着俘虏和缴获的武器走出林子的时候,庞大的坦克不好意思地低下了头。

小兵对坦克说:"尺有所短,寸有所长。在战场上,每个人都能发挥出自己的长处。你看,你和我的长处加起来,就等于一场战斗的胜利。"

"人人送酒不须沽"

前一段时间去看了傅抱石画展。他是中国现代非常了不起的国画家。我最喜欢其中一幅名叫《人人送酒不须沽》的画作。

我早就听家人给我讲过醉僧怀素的故事,他只有在喝足了酒之后,才能提笔写出一幅幅龙飞凤舞的草书。傅抱石这幅画画的正是那位好酒的大和尚怀素。只见画上的大人小孩,人人都抱着一坛坛香气扑鼻的好酒,排着长队来换怀素的狂草。怀素则是一副袒胸露腹、洒脱不羁的模样。我都有些担心了,要是他真把这么多美酒一口气喝光了,估计他醉得连毛笔都要提不起来了,还怎么写书法呢?

我的爸爸也是一位书法家,他的酒量不大,但照样也可以写出很好的狂草。大人们常说,酒不醉人人自醉,看来,只要心里有醉意,就照样可以在笔下"狂"起来。

傅抱石画作:《人人送酒不须沽》

这幅画还让我想到,中国历史上有许多关于和尚喝酒的趣事。比如《水浒传》里的大和尚鲁智深,他不仅爱喝酒,而且喝了酒之后就能变得力大无比,可以赤手空拳倒拔垂杨柳;还有那个"鞋儿破,帽儿破"的济公和尚,他整天哼哼着"哪有不平哪有我",他胆子为什么

这么大呀？我想可能也是因为"酒肉穿肠过"的缘故。尽管怀素、鲁智深和济公他们都没有遵守寺庙的清规戒律，但是他们在酒后表现出了超强的本领和超人的才华，所以大家仍然非常喜欢他们。你看，连国画大师傅抱石都喜欢画他们呢！

我后来查阅资料发现，连傅抱石自己都有喝醉后才动笔画画的习惯。怪不得呢，他能把醉僧怀素画得这么传神，原来他是画自己呀！

张艺谋真"疯狂"

周末，我拽着家人一起去电影院看了张艺谋导演的新片《三枪拍案惊奇》。本想轻松一下的，没想到，张艺谋的"三枪"，却把我们着实吓了三跳。

一进电影院，墙上的巨幅海报就先把我们吓了一跳。只见电影中的小二、张三、李四、王五、赵六、陈七这些名字完全符号化的人物，个个穿红着绿，让人头晕眼花。早就知道张艺谋对色彩的运用非常浓重大胆，像他最早的《红高粱》，画面就铺满了大红，以表现中国

大西北人粗狂浓烈的豪气和壮烈,效果非常出众。他后来在《大红灯笼高高挂》《英雄》以及《满城尽带黄金甲》等影片中,也都表现了他对色彩独特的理解。可是今天这幅海报,人物扮相未免太过戏曲舞台化,用小品演员赵丽蓉奶奶的话说,不管男的女的,穿得个个都是红不隆咚,绿了吧唧,紫不溜丢的……总之,够吓人的。

接下来的一切更令我们目瞪口呆:小沈阳扮演的小二和程野扮演的赵六,像是在舞台上的表演,他们一而再、再而三、三而四地以摔跤换取观众的廉价笑声,难道这就是报道所说的喜剧效果?除了面无表情的孙红雷和面馆掌柜麻子,其余人说话都是唧唧歪歪,油嘴滑舌,完全是饶舌的二人转,听来让人很不舒服。怪不得有人评价说:"这是一出阴森森的二人转!"正看着,耳旁忽地一声响,我吓了一跳,扭头一看,原来是外公的打呼声。唉,无聊的表演,倒把人给催眠了。

电影结尾时更为恐怖。字幕一出,许多人都以为结束了,陆续走出了影院,银幕上却突然响起了小沈阳的歌声,随着音乐声音,影片中所有死掉的人都从地上和坟墓中爬起来,跳起了疯狂的现代舞,真是吓得人心

里一阵阵发毛。走出电影院,我长舒了一口气,惊魂未定地说:"张艺谋真疯狂!"

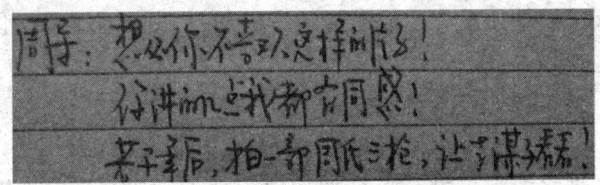

杨夕萍老师点评

一份特殊的母爱

这是一个干旱的季节!

土地干裂得张大了嘴巴,连空气都似乎干燥得像要燃烧起来!一个水塘更是已经干旱得底朝天了,只有最中间的塘底部分,还仅存着浅浅的一汪水,而就在这个少得可怜的水汪里,竟密密麻麻地挤着几十只蝌蚪。它们仿佛意识到了危险,个个慌慌张张地屁股朝天,把嘴巴深深地扎到水中,生怕自己被挤出那片小小的水域之外。而不远处,已经有好几只遇难的蝌蚪尸体了。

青蛙妈妈看在眼里,急在心里。在几米外的地方,

就有一片湖水,水塘离湖边只隔着一段"土墙",青蛙妈妈自己完全可以轻松地跳进湖中,畅快地游泳,可她的孩子们却还没有变成有腿的青蛙,它们既无法上岸,也无法蹦入湖中。这可怎么办呢?

想要让蝌蚪得救,就必须破开那段"土墙",让湖水流进水塘中。可是青蛙妈妈没有工具,她能不能破开"土墙",救活她的宝宝呢?我正看得着急,这时,只见青蛙妈妈来到那段"土墙"的中间,她选中了一个比较薄弱的环节,开始倒退着身子,用两条有力的后腿使劲往外扒土。扒呀,扒呀……她用了很长时间,终于打开了一道小小的缺口。可别小看了这个缺口,它可是珍贵的生命通道啊,只见清凉的湖水缓缓注入了池塘,水位在不断上升,蝌蚪们终于得救了!它们个个在水中欢快地摆动起了尾巴。

青蛙妈妈用母爱和智慧救活了自己的孩子,而我们全家人都为这份特殊的母爱情不自禁地鼓起掌来。

这个真实的故事就发生在非洲大草原上,中央电视台的《动物世界》用镜头记录了这一幕。

南京的六朝烟水

南京是我国的历史文化名城，又是著名的古都。自公元 3 世纪以来，就有东吴、东晋、宋齐梁陈、南唐、明、太平天国、中华民国等十代建都在这里，留下了丰富的历史遗迹。因此，有人也把南京称作"十朝古都"。

正因为她是古都，所以走在南京的大街小巷，你会在不经意中就发现一些珍贵的历史遗存。著名作家朱自清就说过："逛南京就像逛古董铺子，到处都有些时代侵蚀的痕迹。你可以摩挲，可以凭吊，可以悠然遐想；想到六朝的兴废，王谢的风流，秦淮的艳迹……"南京的名胜古迹真是数也数不完。我去过的就有台城、玄武湖、紫金山、明故宫、莫愁湖、鸡鸣寺、栖霞山……而正是这种独特的文化氛围，使《儒林外史》的作者吴敬梓对南京有了"六朝烟水气"这样的评价。

南京的历史文化得自于她独特的地理位置。诸葛亮曾把南京的地势概括为钟山龙蟠、石头虎踞。因此，这里我不得不提一下紫金山，也就是诸葛亮所说的"钟山"。我家就住在紫金山下，从落地窗前就能看到整条

山脉的走向、全景,她就像一尊安静的卧佛,非常美丽。我们出城进城都要经过太平门,这里是紫金山的西端。而太平门仿佛是一道温度的分水岭:三伏天,我们只要一出城,就能明显感到气温下降了许多,空气也变得清爽宜人。因此,紫金山又被称为南京的"绿肺",为我们的整座城市源源不断地提供着新鲜的氧气。

法桐,也是南京很有名气的一道景观。在炎炎夏日,枝叶茂盛的法桐总能为人们提供可贵的阴凉。但我更喜欢南京的柳。小时候,我经常爬上台城,看玄武湖岸堤上的柳树。柳树的绿与法桐的绿有很大的不同,你只要仔细欣赏玄武湖畔的柳树就知道了。法桐的绿能遮阳蔽日,而玄武湖十里长堤上的柳树绵密成行,柔软细长的柳丝伸向波光粼粼的湖面,随风轻舞摆动,远看,真像是一团团的绿色烟雾,美丽极了。诗人韦庄曾为台城的柳树专门写过一首诗呢:

"无情最是台城柳,依旧烟笼十里堤。"

其实,台城的柳树是最有情的,因为每年的春夏两季,它都准时地给人们奉献出十里烟笼的独有美景。

听了我的介绍,你是否很想在南京古老的街头巷尾好好感受一番六朝的烟水呢?

小吃,大学问!

臭豆腐是中国人的一大发明。

我在上海、武汉都吃过。长沙火宫殿的臭豆腐毛泽东年轻时常去吃。后来回长沙,又特意去吃了一次,说了一句话:"火宫殿的臭豆腐还是好吃。"这就成了"最高指示",写在照壁上。

火宫殿的臭豆腐遂成全国第一。

——汪曾祺

我从小就是个美食家,但好汉也有难言之隐,我唯独不敢吃的是——

臭——豆——腐!

光闻一闻它的那股子馊臭味道,就实在是倒了胃口。微风一吹,十里八里的就都是臭豆腐的独特"风味"了。走近了,再看它那模样儿,更是不敢恭维,黑黢黢,脏兮兮,活像是一块洁白的嫩豆腐掉进了下水道,上面沾满了泥灰和沙尘。

可就是这么一块臭豆腐,竟然能引得大人们口水直流,我就看到南京的夫子庙大街上有人举着一大串,一路走一路津津有味地大吃特吃。有那么好吃嘛?我心里犯起了嘀咕。肚里的小馋虫也似乎有些蠢蠢欲动。要不,我亲自试试?

这天,我特意约上了妈妈壮胆,一起去吃臭豆腐。离小摊子还很远的时候,一股恶臭就扑鼻而来,我立刻皱起了眉头,用手捂住了鼻子。到了地方,妈妈像是要故意考验我,竟要了两份盒装的臭豆腐。我只好接住了自己的那盒,可就像是捧了块烫手的山芋,扔也不是,不扔也不是。妈妈在她的那盒臭豆腐上面浇了一层通红的辣椒酱,就香香地吃了起来。其实平时她也并不怎么爱吃的,今天这是怎么了?我看着手里的那份"烫手山芋",咦?好像不是印象中的样子了!炸熟的臭豆腐全身金黄,上面滋滋冒着油,至于味道……嗯,闻起来有一股焦糊的香气,我学着妈妈的样子,也要了一份麻油和辣油,浇在了臭豆腐上面,只见金黄焦脆的豆腐上覆盖着一层鲜红的辣椒油,看起来就像是沙漠中开出的一簇红花,颜色十分诱人。我闭上眼睛,

把一大块臭豆腐丢进嘴里,小心翼翼地咀嚼起来。哇!真香啊!没想到外表松脆的臭豆腐里面,依然保存了豆腐特有的鲜嫩。我好奇地把余下的一块臭豆腐一分为二,啊!外表金黄,里面却洁白细嫩,臭豆腐的形象在我心目中一下得到了改观。我三下五除二把盒里的臭豆腐吃了个精光。

后来我才知道,臭豆腐也算是中国美食文化里不可小瞧的一道风景。汪曾祺是位作家,但更是一位美食家,他就曾经说过,美国人吃中国的臭豆腐,感觉就如同中国人吃外国的"气死",也就是干酪。是啊,臭豆腐和奶酪都是闻着臭吃着香的,所以我给臭豆腐起了个别名:中国奶酪!

我爱凤凰

由四川过湖南去,靠东有一条官路。

这官路将近湘西边境到了一个地方名为"茶峒"的小山城时,有一小溪,溪边有座白色小塔,塔下住了一户单独的人家。

这人家只一个老人,一个女孩子,一只黄狗。

——沈从文

我说的凤凰,可不是传说中的神鸟,而是湘西一个美丽的县城,那里是大作家沈从文的故乡。沈从文是我"认识"的第一个中国现代作家。从小我就听妈妈介绍说,他爱写自己的家乡,他笔下的山水、人物都非常美丽。去年暑假,我和家人一起走进了凤凰。

经过一路旅途颠簸,我们到达时,天色已晚,我的肚子已经"咕咕"直叫了。我们放下行李就直奔沱江边上的夜排档。这里早已人山人海,热闹极了。顺着江边,至少有上百家饮食铺位,各种叫得出叫不出名的小吃,堆得满满的,这里简直就是吃的天堂!我们迫不及待地就近选了一个烧烤摊坐了下来,老板热情地向我们打着招呼,要我们想吃什么自己随便挑。在凤凰,似乎什么都能拿来烧烤着吃,除了常见的鸡肉、牛肉、羊肉、鱿鱼等,还有土豆、生菜、白菜、血粑、年糕等,应有尽有,空气里弥漫的香气,令我充满了食欲。

凤凰的标志之一,就是沱江边上的吊脚楼。离远看,吊脚楼完全就像是悬在半空中,有种梦幻般的不真

实感。走近了才发现,每个吊脚楼其实都是有腿的,几根粗大的木柱深深地扎在泥土里,据说,江边湿气大,把木楼这么高高地吊起来,不仅可以防潮,而且可以更好地通风。别看吊脚楼那么高,住在上面的人买东西其实很方便,听到窗外的叫卖声,他们只需要从上面放下一只吊篮就可以买到各种生活的必需品。

为了更好地欣赏江边的景色,我们一家人乘一条船,顺江而下。突然,我们被岸边一阵悦耳的歌声吸引住了。原来,这里正在举行对歌活动,虽然听不懂歌词,但渔家女们的嗓音清亮悠扬,我的嗓子也痒痒起来,忍不住对着她们大声唱起了"老鼠爱大米"。也许我这么小的对歌人并不多见吧,也许是我唱的歌词滑稽,她们立即发出一阵善意的哄笑声,还纷纷向我鼓起了掌。

到了凤凰,自然要去沈从文的墓地。他的墓很独特,是用一块天然的巨石做成的,看不到隆起的坟冢,也看不到各种名人的题词,只有那块大青石静静地树立着。如果没人指点,你根本认不出那就是鼎鼎大名的沈从文墓。我发现,凤凰人一般不直呼沈从文的名

字,而是敬称他为"先生"。我买了一束淡黄的野草花,放在了他的墓前,然后深深三鞠躬,来表示我对先生的敬爱。

走进凤凰,就像走进了沈从文的小说世界。我爱凤凰!

跋：致小虎

赵本夫

小虎：

你是个优秀的孩子，不仅聪明、懂事，而且单纯、安静。我喜欢你的这种状态。并且希望你将来长大后，即便面对一个激烈竞争的社会，也能保持这种状态。

单纯能让自己轻松，单纯是破解复杂的唯一办法。社会生活太复杂了，不如索性以不变应万变，用单纯、幽默的目光看待周围的一切。单纯是天性，也是修为。生活中有所为，有所不为，才能做成大事。而我也知道，你有满肚子的幽默故事，时常把我们逗得大笑。幽

默,也是一种智慧呢。

安静是天性使然,但也同样需要后天的修养。安静缘于力量和自信。大凡平时张牙舞爪的人,其实都是没有力量和不够自信的人,因为他需要用这种外在的东西引人注意,表示自己的存在。而一个有力量的人,一定是安静和沉稳的,因为他不需要虚张声势。当然,力量和自信都是需要积累的。你从小爱读书,经常被学校评为"读书之星",你看哪一个成功者没付出过艰辛的努力?一点点积累知识,积累智慧,积累善缘,积累美好,你就渐渐变得厚重而强大,开朗而自信。你有了真才实学,有了美好善良的心灵,有了健康的心态,还要担心什么呢?

小虎,我有时候感到你还不够自信,太在意别人的目光和评价。其实大可不必。你这么聪明,读唐诗宋词几可过目不忘,你成绩经常在班上前几名,老师每年都不忘记在家庭报告书里夸奖你心地的纯净和善良,同学们也都因此喜欢你,你完全应当自信。在今后的人生道路上,即使有人说不喜欢你,也不必沮丧或伤心。平心而论,你就喜欢所有的人吗?在这个

世界上,因为种种原因,总会有人不喜欢你,也会有你不喜欢的人,这其实是个很公平的事。你如果为了让某个人喜欢而盲目改变自己,就不仅会扭曲自己,无所适从,更会严重伤害自己的心灵,陷入更加痛苦的深渊。在人生的道路上,你可以不断修正完善自己,但不要指望做圣人。人都是有缺点的,人人都会犯错误,只是不要总犯同样的错误。不要刻意去做人,率性而为也许更好。小虎,我真心希望你今后能多一点虎气,多一点野性,多一点释放,多一点自己的主张。如果错了就改正,这没有关系,男子汉就应当坦荡一点。你还记得,有一次我批评你批评错了,事后向你道歉的事吗?

不过,我在今年的家庭报告书里看到了一个不一样的你,老师说你在学校里非常活泼,常常"妙语连珠,语惊四座",甚至不乏调皮捣蛋的"事迹"。看来,你在家中的拘谨,是因为家中的气氛过于严肃了,特别是我。也许,我自己也要改一改了。

小虎,你出生在虎年,一转眼,你已经12岁了。在这么多年里,一家人都希望你能幸福快乐,希望你受到

最好的教育。为此,"叨叨"(小虎从小对外婆的称呼)至今还在努力研究新菜谱,每天都尽可能变换口味花样。今年你要"小升初"了,为了让你能进入一所好中学,你的妈妈每晚都陪在你身边,辅导你做作业。我有时候上楼,看到你们两个埋头用功的背影,总是欣慰而心酸,心疼你,也心疼你的妈妈。

我没有她们付出那么多,我投送给你的,更多的只是关注的目光。但我知道我多么爱你,多么看重你。在我的作家朋友中,我会时常谈起你。有一次去北京,开会间隙,在吸烟室碰到陕西的陈忠实,不知怎么,我们聊起了各自的孙子,比孙辈的趣事,两人各有各的骄傲,谁都不服气谁。事后想想很可笑,也很有趣。

大人们为你的付出是值得的,因为你给全家带来无数的快乐和惊喜。在你两三岁时,我就曾经感叹,你在一天里带给我的笑声,已经超过了以往所有的笑声。你的一天天长大,一点点进步,都会让我们高兴异常。每次为你量身高,我都会和你的"叨叨"发生争执。我想量一个标准的数字,把放在你头顶的那把尺子放平,

她却老是放得倾斜,希望把你量高一点。在我们为此发生争执的时候,你妈妈总是站在一旁笑我们。小虎,你能从中体会到我们的成就感和急切心理吗?

小虎,尽管你从一出生就饱受一家人的关爱,但你并不因此自私狭隘。舅舅家为你添了一个可爱的小妹妹东东,你总是那么细心呵护她。她把你叫作"大豆",我们叫她"小豆","小豆"对你这个"大豆"似乎有特别的依赖,看见你就再不要任何大人了。你总是顺着她,牵着她,护着她,不让她有任何危险。你这个哥哥当得真是像模像样!

小虎你知道吗,我最喜欢你说的一句话就是:"我来!"当大人在家里忙碌的时候,你会突然走过去,说:"我来!"这肯定也是你妈妈最爱听的两个字。这说明你渐渐长大了,有了责任感。我给你取的名字叫稷之,就是希望你将来成为一个真正的男子汉,有开阔的胸襟和视野,能够有所担当。

小虎,爷爷这辈子积累了很多的人生经验和教训,但我只能说这么多了。每个人的人生都要靠自己去走,大人不必说得太多,不然,人生就不再新鲜。人生

是一次旅行，充满艰险，也充满乐趣，大胆往前走，你会有一个光明的前程！爷爷相信你！

爷爷
2010年春

（赵本夫：中国作家协会主席团委员，江苏作家协会副主席，《钟山》杂志主编）

图书在版编目(CIP)数据

变形记/赵允芳,周稷之著. —南京:南京师范大学出版社,2010.8

(知性妈妈丛书)

ISBN 978-7-5651-0218-9/G・1482

Ⅰ.①变… Ⅱ.①赵… ②周… Ⅲ.①家庭教育 Ⅳ.①G78

中国版本图书馆 CIP 数据核字(2010)第 167667 号

书　　名	变形记
作　　者	赵允芳　周稷之
责任编辑	张　莉
出版发行	南京师范大学出版社
地　　址	江苏省南京市宁海路 122 号(邮编:210097)
电　　话	(025)83598077(传真)　83598412(营销部)　83598297(邮购部)
网　　址	http://press.njnu.edu.cn
电子信箱	nspzbb@njnu.edu.cn
印　　刷	南京玉河印刷厂
开　　本	787×1092　1/32
印　　张	8.375
插　　页	8
字　　数	117 千
版　　次	2010 年 12 月第 1 版　2010 年 12 月第 1 次印刷
印　　数	1—3 600 册
书　　号	ISBN 978-7-5651-0218-9/G・1482
定　　价	21.00 元
出 版 人	闻玉银

南京师大版图书若有印装问题请与销售商调换

版权所有　侵犯必究